U0051020

中國

尋找失落的

》》》歷史年表

史話

- 中華文明的歷史遺存
- 慷慨萬千的斷代工程
- 嘆為觀止的考古發掘
- 考證遠古人類的生存方式
- 解讀夏商周的歷史年表
- 述說不為人知的傳奇與奧妙

1

本書是根據CCTV10教科文行動「中國史話」編纂而成，大致依編年的方式講述中國的歷史，透過考古的發掘，述說不爲人知的傳奇與奧妙，中華文明的歷史遺存，在專家學者巨細靡遺抽絲剝繭的努力之下，伴隨著連連的驚嘆聲中一一呈現眼前，歷史殘存的片斷獲得合理印證與連結，展現出中華歷史燦爛輝煌的廣度與深度。全書共分爲六冊：

(1)尋找失落的歷史年表

《石器時代、夏、商、西周》(170萬年前～西元前771)

中華文明的歷史遺存，考證遠古人類的生存方式。

慷慨萬千的斷代工程，解讀夏商周的歷史年表。

嘆爲觀止的考古發掘，述說不爲人知的傳奇與奧妙。

本書共分四章，內容包括：文明初始、尋找失落的年表、三星堆、殷墟婦好墓。

這裏有中華文明的歷史遺存、感慨萬千的斷代工程、嘆爲觀止的考古發掘，本書爲讀者考證遠古人類的生存方式、解讀夏商周的歷史年表、述說不爲人知的傳奇與奧妙。

(2)唇槍舌戰的春秋時代

《東周、春秋戰國》(西元前770～西元前222)

捨我其誰的熱血男兒，探究鐵馬金戈的戰國遺跡。

獨領風騷的思想巨人，追尋萬古流芳的諸子百家。

一曲難在的妙曼天音，開啓色彩斑爛的曾侯乙墓。

本書分西周和春秋戰國和曾侯乙墓兩部分。內容包括：封建王朝的開端、制禮作樂與由神及人、競爭與動盪紛雜的歷史、隱者和道家等。

(3)氣吞山河的雄奇帝國

《秦、兩漢三國、魏晉南北朝》(西元前359～西元573)

曇花一現的鐵血軍團，親歷橫掃天下的大秦帝國。

風雲際會的兩漢王朝，撫摸魅力永駐的雲岡龍門。

群雄爭霸的三國鼎立，再現白衣飄然的魏晉風度。

本書共分五章，內容包括：秦帝國、兩漢三國、金縷玉衣、魏晉風度、石刻上的歷史。您可以領略曇花一現的鐵血軍團、風雲際會的兩漢王朝、群雄爭霸的三國鼎立，亦可親歷橫掃天下的大秦帝國、撫摸魅力永駐的雲岡龍門， 書中再現了白衣飄然的魏晉風度。

(4)塵封不住的絢麗王朝

《隋唐、兩宋、五代十國(遼、西夏、金)》

(西元581～西元1206)

風華絕代的隋唐氣象，領略繽紛瑰寶的盛世繁華。

一枝獨秀的兩宋雲煙，品味錦上添花的兩宋芳澤。

塵封千載的西夏往事，探尋黃沙深處的王朝蹤影。

本書共分八章，內容包括：隋朝業績、虞弘墓、盛唐氣象、大唐遺風、五代與遼文化、汴京夢華、錦繡江南、西夏王朝。書中涵蓋風華絕代的隋唐氣象，一枝獨秀的兩宋雲煙，塵封千載的西夏往事，可以領略繽紛瑰寶的大唐繁華，品味錦上添花的兩宋芳澤，探尋黃沙深處的王朝蹤影。

(5)三朝上演的皇權沉浮

《元、明、清》(西元1206～西元1842)

獨步天下的蒙古帝國，揭開繁盛華錦的蒙古詩篇。

氣吞華宇的明朝帝都，起航波瀾壯闊的明代巨輪。

濃墨重彩的康乾盛世，透視盛極而衰的清宮末路。

本書共分六章，內容包括：元朝風韻、明朝興起、康乾盛世、避暑山莊、文化劫掠、近代鐵路。

通過本書您可以了解縱橫四海的蒙古帝國、氣吞華宇的明朝帝都、濃墨重彩的康乾盛世，您可以綜覽氣象萬千的元朝風韻、起航大氣磅礴的明代巨輪，可以透視盛極而衰的清宮末路。

(6)吶喊聲中的圖强變革

《清末、民初》(西元1900～西元1919)

暮鼓晨鐘的血雨腥風，展示庚子事變的翻天覆地。

席捲神州的覺醒奮發，重現覺醒者們的生死豪情，描繪勵精圖治的少年中國。

本書分爲庚子事變和記憶百年兩部分。主要內容包括：庚子事變的眞相、清軍和義和團對東交民巷的圍攻、聯軍攻進了北京城、孫中山革命、清帝遜位、民國成立。

目　錄

目　錄

中國新石器時代遺址分布圖

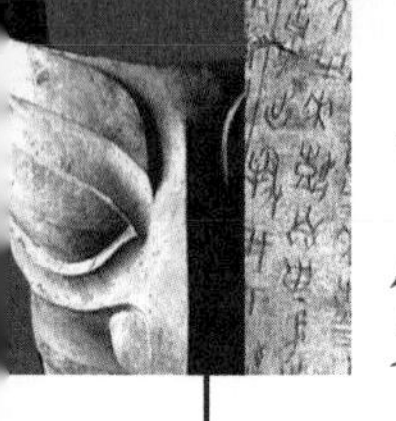

170萬年前 ›››› 約前2070年
第一章 文明初始

五千年前，在黃河流域誕生了古老的華夏文明。

在世界上，當其他地區的古代文明相繼被毀滅之後，只有華夏文明透過漫漫的歷史長河將它的生命一直延續到今天。

自中華文明誕生以來，在黃河流域便上演著一幕幕王朝更替的歷史故事，一個王朝在經過誕生、成長、壯大、衰弱後，總會被另一個王朝所取代。然而，五千年的中國歷史，究竟是從什麼樣的社會開始的呢？

讓我們通過古代文物所透露出來的信息，了解一些歷史知識。

在臺北故宮博物院收藏著一件五千年前製造的玉琮。

玉琮上端的圓孔表示天，周圍的四方形狀表示的是大地，四方形的大地一層疊一層通向天空。

玉琮的內部由上至下有一個圓孔，這個圓孔據說是連接天上的神和地上人間的通路，天圓地方，只有擁有玉琮的人才能將神的意志傳達給地上的人們。玉琮由此成為政治權力的象徵。

北京故宮博物院收藏的玉璧則是財富的象徵。古人認為，天是所有恩賜的源頭，擁有依照天的形狀製造的玉璧，就象徵著掌握了財富，即象徵著對經濟權力的掌握。

黃河 中國第二大河，中華文明發源地之一

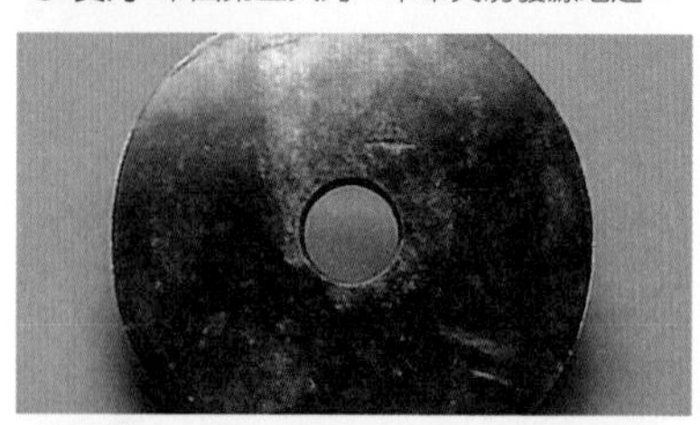

玉璧 禮玉的一種，是中間有圓孔的扁圓形器，一般圓環的寬度等於圓孔的一倍

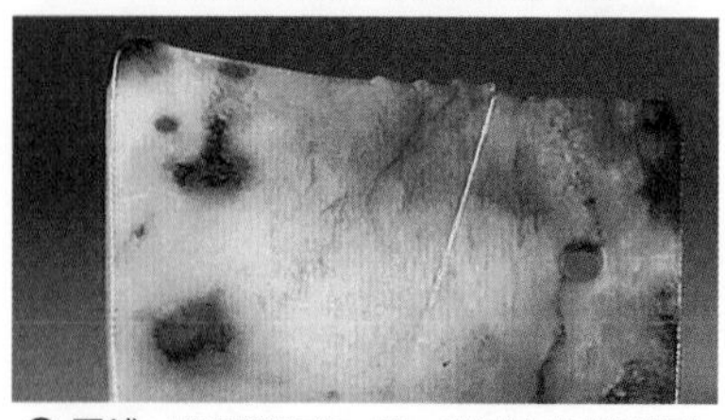

玉鉞 是玉禮器的一種，玉鉞由從石鉞演化而來，成為一種典禮上的儀仗器，象徵兵權

玉鉞，鉞即板斧，玉製的板斧則成為軍事統帥權的象徵。

古人用神聖的玉石，製成了玉鉞、玉璧、玉琮三種形狀的玉器，用來象徵統治的權力。在五千年前的中國，已經誕生了用政治、經濟、軍事三種權力治理的原始酋邦（chiefdom）。用政治、經濟、軍事三種權力治理的原始酋邦究竟是如何誕生的呢？

<1> 發現「北京人」

一九二九年十二月二日下午四點，在蕭瑟的寒風中，一輪夕陽掛在北京近郊的周口店龍骨山上，一些人正在緊張地進行考古發掘，最後的發掘時間，希望能夠有令人振奮的發現。在巨大的洞口深處，技工們發掘的部位到了窄無可窄的地方，忽然有人發現南方有一段伸展的空隙，難道在這裏還會有另一個洞口嗎？技工們仔細察看，果然是一個洞口，負責現場發掘的裴文中聞訊後決定親自下洞去察看一下。

❶ **周口店** 一九二九年的發掘現場

❷ **發現人骨的洞口** 周口店北京猿人遺址位於北京房山區周口店龍骨山洞穴內

❸ **裴文中** 中國著名的史前考古學家、中國舊石器考古學和第四紀哺乳動物學的奠基人，中國古人類學的主要創始人

裴文中順著昏暗的燈光慢慢前行，朦朧之中看到崎嶇不平的地面上有一個暴露在外的扁圓形東西，仔細觀察，不由得驚叫出來，是頭骨。他把這個消息告訴

大家，大家都很興奮，但由於天色已晚，有人主張明天再挖，裴文中還是堅持要把它挖出來，頭骨蹦出土層，隨著這個頭骨的出現，一個在人類發展史上具有重要意義的時刻定格在這裏。從破碎的部分來看，這個猿人頭骨比現代人的頭骨要厚得多。

遠古的北京人穿越歷史的風塵重現人間。

這一激動人心的畫面被拍攝下來，由於泥土的包裹，我們還無法在照片上看到它眞實的面目。

裴文中把頭蓋骨化石拿回宿舍，和技工王存義在爐火旁，小心翼翼地將它烘乾。

裴文中度過了一個不眠之夜，回北平（今北京市）送信的人已經連夜走了，但是爲了讓北平盡快知道這個消息，裴文中一清早就向北平發了一封電報，電報內容是，「頃得一人頭，極完整，頗似人」。

北京人頭蓋骨用石膏包裹後，裴文中特意捧在胸前，拍下了一張照片。

許多年後，著名考古學家、中國現代考古學奠基人之一的裴文中看到這張沒有頭的照片，開玩笑地說我的頭並不重要。

裴文中將頭蓋骨包在行李中帶回北平，外國專家仔細觀察後確認是猿人頭骨。二十多天後，頭蓋骨標本被修復出來，這塊約五十萬年前的北京人頭蓋骨證明了專家最初的判斷。消息一經公布，很快成爲全球學術界爆炸性新聞。由於當時人骨化石極其稀少，這一發現被國外學術界贊同進化論的科學家們譽爲古人類研究史中最爲動人的發現。

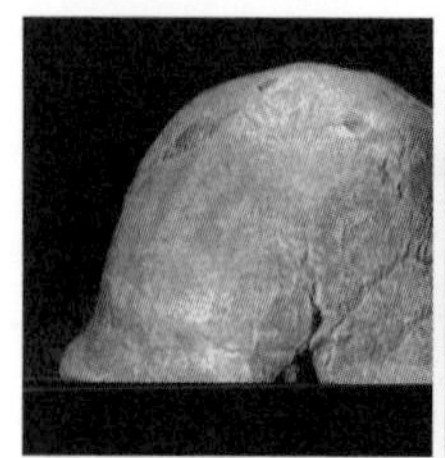
人北京人頭蓋骨側面圖

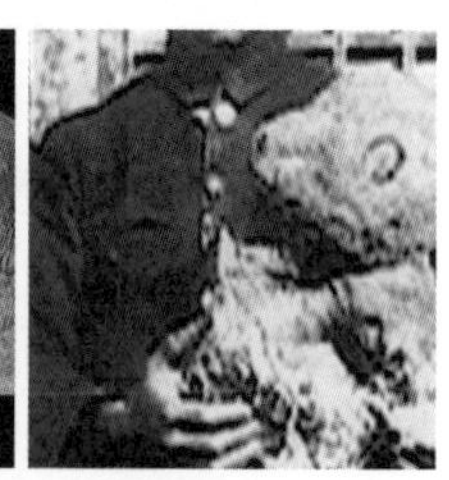
裴文中與北京人頭蓋骨的合影

經過專家精心的修復，

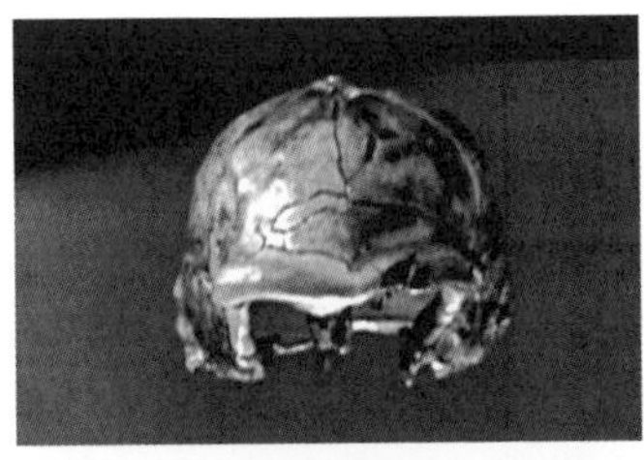

北京人頭蓋骨全圖 一九二九年，裴文中首先在龍骨山猿人洞中發現了第一顆完整的、距今五十萬年的「北京人」頭蓋骨化石，震撼了全世界

模擬的北京人生活場景之一

模擬的北京人生活場景之二

頭骨變得完美無缺，神秘的北京人第一次向人們展示出它的絕代丰姿。

這件來自於遠古的化石蘊藏著豐富的生物和人類進化的秘密，在科學家的筆下，一幅生動的舊石器時期人類生活的場景呈現在我們面前。那時候的周口店，山上生長著茂密的原始森林，森林裏生活著各種各樣的動物，附近有著廣闊的草原，寬闊的河流，一群群羚羊在奔跑著，還有許多今天已經見不到的各種腫骨鹿。北京猿人不懂做衣服，也不會建造房屋，他們

歷・史・典・故

【盤古開天地】

相傳天地開闢之前，宇宙一片混沌。但是盤古氏在這個混沌的中心孕育了一萬八千年。終於有一天，盤古氏用巨斧劈開了混沌，輕的上浮成天，重的下沉爲地，而且，天每天上升一丈，地每天加厚一丈，盤古氏每天也長高一丈，成爲頂天立地的巨人。

又一個一萬八千年過去了，天地間只有盤古氏一人，盤古氏時而愉悅，時而孤獨愁苦，於是天氣隨著他的心情變化起來，時而晴朗，時而陰霾……又不知過了多久，盤古氏死去了，他的左眼變成太陽，他的右眼變成月亮；他的髮鬚變成星辰；他的肌肉變成土地；他的牙齒、骨骼成爲地下寶藏；他的汗毛都變成了森林與花草。於是，天地有了山川、河流和花草、樹木。

中・外・名・人

■黃帝

（約前二六九七—前二五九九）軒轅氏、有熊氏。傳說爲中原各族的共同祖先。傳說醫學、算數、文字、養蠶等許多發明創造都始於黃帝時期。中國人自稱炎黃子孫，即指他與炎帝。

■美尼斯

（Menes，生卒年不詳）或「米恩」Mines。約前三一〇〇年在位。是埃及國家的建立者，第一王朝的建立者。曾向外擴張，遠征北方三角洲，並建白城（希臘人稱孟斐斯）。

住在天然的洞穴裏，能夠用石頭打製工具，他們採集樹林中的野果和根莖來維持基本的生活，用簡單的石器和木棍成群地追逐野獸，吃用火烤熟的東西。爲了生存，北京猿人結合成人數不多的原始群落，過著共同勞動，共同享用的生活。

<2> 黃河流域：中華文明的搖籃

在黃河流域的中部地區，新石器時代的文化遺址不斷地被發現，其中較爲典型的是新石器時代仰韶文化的居住群落。

一九二一年，考古學家在河南省澠池縣的仰韶村，發現了中國第一個新石器時期的文化遺址，根據考古學的慣例，這一史前文化被命名爲**仰韶文化**。在此之前，外國考古學界曾認爲中國的新石器文化是從西方傳入的。

仰韶文化距今六千一百至四千四百年左右，從出土文物上我們可以得知，那時黃河流域已經開始了原始農業和手工業。近些年的考古發現證明，中國是世界上最早製造陶器的國家，在距今

河南省澠池縣的仰韶村 仰韶村遺址的發現，第一次證實了中國在階級社會之前存在著非常發達的新石器時代，並從此開始，把考古學研究的領域擴大到舊石器時代、青銅時代和鐵器時代

仰韶文化遺址 仰韶文化遺址分布在村南的臺地上，地勢北高南低，呈緩坡狀，東西兩側各有深溝深達五十餘米。遺址從東北到西南長九百餘米，從西北到東南寬三百餘米，總面積約三十萬平方米

❶❷❸ 仰韶時期的各種彩陶

半坡人的八孔陶片 八孔陶片顯示，不論從數字的角度還是形體的角度，半坡人已經對至少由一到八的數字有了清楚認識

一萬年前，已經有了最初的陶器加工，不過那時的生產工藝還十分簡單。

到了仰韶文化時期，陶器的製作工藝已經比較成熟了。

仰韶文化的彩陶在早期一般是紅底黑花紋，到了仰韶文化晚期，有不少陶器上繪製的是白色、紅色、橙黃和灰色的裝飾圖案。

即使從今天人們的審美眼光看，這些圖案也已經非常精致。

不少彩陶的花紋線條纖細，變化豐富，有的學者認爲是用鳥類的羽毛或者人類製作的軟筆畫上去的，那時很可能已經有了最初的毛筆。

仰韶文化晚期還出現了十分珍貴的人和動物的圖案，在動物紋飾中，以魚和蛙兩種圖案最爲普遍，這些圖案在中國傳統文化中具有生殖、繁盛的含義，可以看出這是原始先民爲了祈求部落人丁興旺而精心繪製的。

彩陶，表現了中國古代先民樸拙的審美意識和原始宗教觀念，他們畫在陶器上的彩色花紋注重圖案的均衡和韻律，結合陶器本身線條的起伏變化，形成極富表現力的造型美。

仰韶文化的另一代表遺址——位於陝西省西安市東郊的半坡遺址，一直保存著發掘時的原狀。半坡遺址總面積五萬平方米，群落中生活的人數推測爲五、六百人，房屋按面積大小可分爲大、中、小三類，從十五平方米到一百多平方米不等，房屋中央的灶彷彿還炊煙嫋嫋，似乎主人剛剛離去。

半坡人日出而作，日落而息，使用石頭製作的工具和泥土燒製的陶器，在女性首領的帶領下過著寧靜而勤勞的生活。在長期的勞動中，半坡人不斷積累經驗，他們的許多發明創造都顯示出農業文明的特徵。從出土的文物看，半坡人在不斷的創造中已經形成了數與形的概念。

在出土的一塊陶片上，每邊有八個孔，組成一個等邊形，等邊形裏邊還套著兩

仰韶文化彩陶　彩陶即彩色陶器，是利用赤鐵礦粉和氧化錳作顏料，使用類似毛筆的工具，在陶坯表面上彩繪各種圖案，入窯經900～1050℃火燒後，在橙紅的底色上，呈現出黑、紅、白等顏色的圖案

個小三角形，靠中間那一層，是每邊五個孔的等邊三角形，最裏邊的是每個邊有兩個孔的三角形。

在半坡遺址出土的彩陶紋飾中還出現了直線、折線、長方形等圖案，這說明半坡人關於形狀的概念已經形成。自從半坡人開始定居生活以後，他們居住的房子便不斷發生著變化，早期半地穴式的房屋逐漸移到了地面，低矮的房屋也慢慢高大起來，由於半坡人對形狀已經獲得了初步認識，所以他們把房屋也建成了圓形或方形。

圓形是原始人運用最多的一種形狀，半坡人已經發現，以同樣多的材料製成的器物中，圓形器物的容積最大，而且自然界中圓形的事物比較多，便於模仿，也容易製作，因此半坡人製作的陶器中大多數都是圓形的。

更令人驚歎的是，很多陶器邊緣上均勻分布的紋飾正好將圓等分，半坡人借助什麼工具等分圓周呢，至今還是個未解之謎。

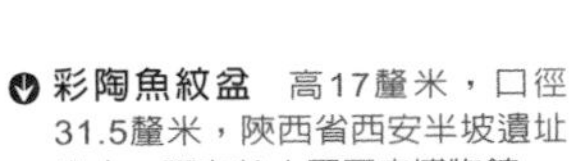

彩陶魚紋盆 高17釐米，口徑31.5釐米，陝西省西安半坡遺址出土，現存於中國歷史博物館

人類對藝術的最初感受是從對動物的寫實性描繪開始的，半坡彩陶紋飾大多以動物爲主，其中以寫實的魚紋和人面紋圖案最多，也最具特色。

半坡人彩陶魚紋的變化過程

半坡彩陶變體複合魚紋 此時彩陶上的抽象繪畫已經較為發達，此紅陶盆的外壁用黑彩繪出的抽象魚紋尚可看出魚身的整體輪廓，但用流暢的弧線紋、弧線三角紋、雙勾線紋使魚身富於幾何形變化，讓環繞盆外壁的魚紋產生了流動的旋律

在一個出土的魚紋彩陶盆上，三條魚被描繪成張口露齒，鼻尖翹起，睜大眼睛向前張望的模樣，半坡人選擇了具有表現力的魚的側面，通過魚的頭、鰭、身等部位，把魚在水中自然游動的狀態，形象地描繪出來。清晰簡練的結構，粗放有力的筆觸，流露出遠古先民單純、稚拙的天性與情趣。

如果說半坡早期的魚紋圖案具有形象逼眞、生活氣息濃重的寫實風格，那麼，經過長期的演變，彩陶上的魚紋開始呈現出多樣的形態。魚的單獨紋樣減少，出現了並列魚紋，或頭部相連、頭部相對的複合型圖案，魚身也漸漸地由幾何圖形拼湊而成，魚紋變得複雜了，但圖案的裝飾意味更濃了。到了半坡晚期，變體複合魚紋演變成了純粹的幾何花紋，魚的整體形象也被濃縮提煉成標誌性紋樣。

在半坡彩陶紋飾中，最引人注目的還有繪在陶器上的人面魚紋，在這個由人面和魚組合成的圖案中，人面的嘴邊、雙耳及高聳的髮髻上，分別用魚或魚形紋裝飾，這個由半坡人創造出的既神秘又透著幾分神聖的人魚合一形象，到底寓意著什麼呢？

從半坡早期的寫實魚形紋飾到晚期的人面魚紋，半坡彩陶魚紋的演變過程不僅顯示出半坡人思維發展的軌跡，也蘊含著遠古祖先對美好生活的追求與嚮往。

原始社會是人類從事生產活動的起點，也是科學技術的萌芽時期。半坡人的創造、發明猶如人類智慧天空中閃爍的繁星，照亮了人類從蠻荒走向文明的路程。

<3> 長江流域：與黃河文明星斗爭輝

貫穿中華大地六千公里的亞洲第一大河——長江，儘管總長超過了黃河，但長江流域誕生的古代文明以前並不爲人所知。

這是因爲，以前缺乏足夠的考古證據來支持長江流域也是中華文明的發源地這一看法，因此人們一直認爲中華文明的發源歸根到底還是黃河流域，只有黃河文明才是歷史的主流，但是近年來在長江下游一帶卻不斷驚現令人振奮的考古發現，說明了在差相同時的遠古時期，長江文明與黃河文明一直是星斗爭輝。

首先是和半坡遺址同屬新石器時代的河姆渡遺址的發現。河姆渡是位於浙江省餘姚市的一個小村落。一九七三年夏天，當地人在修建水利工程的時候，不經意間

天·工·開·物

針灸

中國傳統醫學的組成部分。早在新石器時代，人們就利用銳利的小石片（即砭石）砭刺人體的某一部位來治療疾病。在火的發現和應用之後，人們逐漸發現身體的某一部位受到火的烤灼，可以減輕病痛或有舒適感覺，這是早期的針灸術。戰國時期，隨著鐵器的推廣應用，砭石逐漸被金屬製造的九針所取代，帶來了針灸術的飛躍發展。

中·外·名·人

■炎帝

（生卒年不詳）即神農。傳說爲上古姜氏部族首領，是農業生產和醫藥的發明者，曾嘗百草，發現藥材，教人治病。後向東發展到中原地區，曾與黃帝戰於阪泉（今河北），被打敗。

■胡夫

（Khufu，生卒年不詳）埃及古王國的最盛時期，也是君主專制的鼎盛時期第四王朝的法老。約前二五八九—前二五六六在位，期間修建大金字塔。

↑ **河姆渡遺址遠景** 一九七三年，在距寧波市以西二十五公里的餘姚市河姆渡鎮的河姆渡口北面發現了河姆渡遺址

↑ **河姆渡遺址** 總面積約四萬平方米，疊壓著四個文化層，深度有四米，第四層距今約七千年，第一層距今約五千年。經兩期考古發掘，出土文物有六千七百餘件

發現了這一處遠古時代的文化遺存，於是被命名爲河姆渡遺址。

經過考古人員的發掘和研究，認定這個遺址距今有七千至五千年，處於人類社會的新石器時代，在這裏一共出土了六千七百多件文物，衆多的文物爲我們展現了幾千年前河姆渡先民生活的狀況。

最引人注目的是，在距今七千年的地層中，考古人員發掘出大面積的稻穀堆積層，剛出土時那些稻穀還是一片金黃，有些稻穀殼上的芒尖還清晰可見，可惜的是一接觸空氣就炭化變色了。經過研究，專家們發現這些稻穀中的大部分是人工栽培而成，其中仍有少量的野生稻，這說明當時的河姆渡人正在把野生稻培育成人工稻，並且已經開始了大面積的種植。這個發現，不僅把中國種植水稻的歷史推進到七千年以前，而且也讓人們找到了中國人工種植稻穀的發源地。

在遺址中，人們發現了很多骨耜，這些骨耜都是用鹿、水牛等大型動物的肩胛骨磨製而成，大部分骨耜都鑿有圓孔，可以用來安裝木柄，很多骨耜出土的時候表面光滑，磨損嚴重，這正是長期耕作土壤導致的。這些骨耜就是河姆渡先民種植稻穀時用來清除雜草、翻鬆泥土、平整土地的工具。七千年前，當河姆渡人使用骨耜翻鬆泥土，播種稻穀的時候，標誌著中國稻作農業已經開始了。

水稻的栽培使社會上大量的餘糧囤積成爲可能，隨之而來的是貧富差別的出現，文化的發展也進入了新的階段。這就是五千年前出現的**良渚文化**。一九九二年在浙江省杭州市的郊外，發現了良渚文化中心遺址。

它南北長四百五十米，東西長六百三十米，厚達八米，是人工堆積的土台。

長江下游地區是中國最大的水網地帶，這些運河的歷史可以追溯到良渚文化時期。良渚時期，人們開鑿運河，不斷擴大水稻栽培面積。這種以水稻栽培爲支撐的良渚文化圈，其面積是比較廣闊的，可以說遍布整個太湖流域，它是中國文明起源的又一個中心。

河姆渡出土的稻穀 主要發現於第四文化堆積層。據折算在第一期發掘的四百多平方米的遺址內，有總重約達一百二十噸的稻穀堆積層

古代先民種稻圖 種植水稻是河姆渡人的重要經濟活動，說明早在七千年前中國人民的飲食習慣已基本形成

除了因治水而布下的運河水網外，良渚文化時期還出現了精美的玉器。

在良渚文化時期的一座古墓中出土了大量的玉器，這些玉器從頭到腳布滿屍體的全身。在各種裝飾玉器中，人們看到了象徵財富的玉璧，象徵軍事統帥權的玉鉞，和象徵首領權力的玉琮。

在玉琮上，圓孔表示天，天的周圍四方形的輪廓表示大

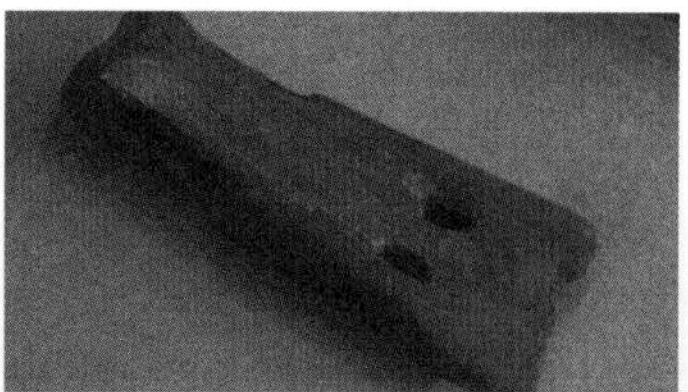

河姆渡人的骨耜 河姆渡出土的骨耜，是中國目前發現的最古老的骨製農具

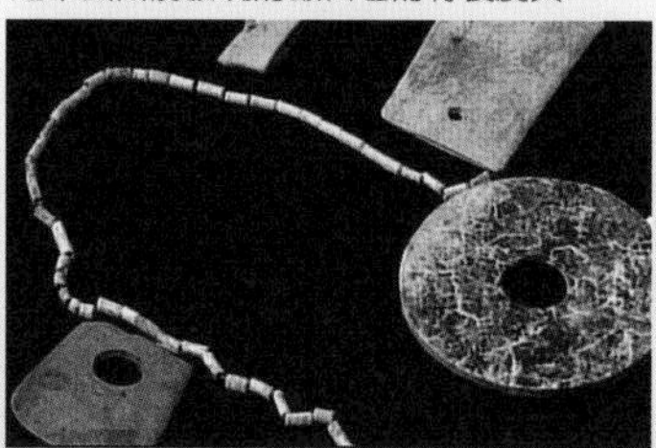

良渚－玉璧與玉鉞 在編號十二號的墓坑中，一共出土了七百多件玉器，這些玉器從頭到腳圍繞著墓主人，擺放十分講究，似乎在表達著某種信仰和理念

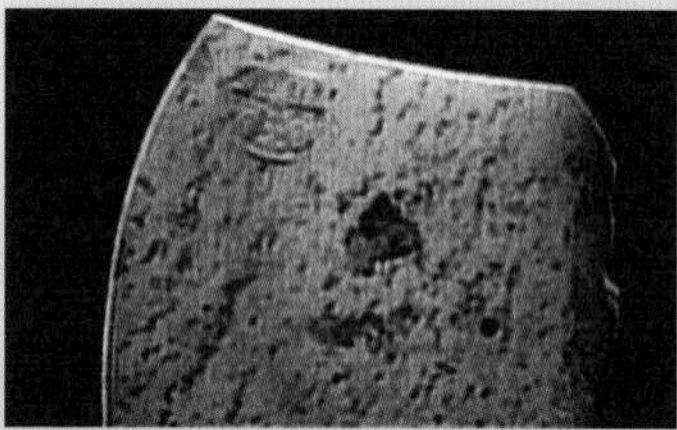

良渚－透明的玉鉞 鉞是權杖性的兵器。周武王伐紂時高舉大銅鉞指揮大軍一舉滅掉商朝。鉞是權力的象徵

良渚－玉鉞上的饕餮 饕餮是傳說中的一種貪食惡獸。饕餮紋是圖案化了的怪獸獸面紋，從新石器時代晚期到商周的玉器上常常可以見到

河姆渡人的骨耜（重新插上木柄後）大量骨耜的出土，呈現出這樣一個事實：六千多年前的河姆渡人，已經脫離了刀耕火種的耕作方法，進入了耜耕農業階段

良渚－玉璧與玉琮

良渚－玉鉞上戴冠的神

良渚－玉琮、玉璧、玉鉞 最能代表良渚玉風格的玉器是玉琮、玉璧和玉鉞

獸面鳥紋琮

»»» 中·外·名·人 »»»

■蚩尤

（生卒年不詳）傳說東方九黎族（屬東夷集團）首領。以金屬製造兵器。與黃帝大戰於涿鹿之野時，作法使雲霧四起，黃帝軍士辨不清方向。後黃帝製造指南車以指示方向，致使蚩尤大敗而被擒殺。

■薩爾貢一世

（Sargon I，生卒年不詳）阿卡德王國國王（約前二三七一——約前二三一六）。傳說出身平民，以武力奪得政權，創建阿卡德王國。經多次戰爭擴張，並改革政治，是當時兩河流域第一個統一大國。

地，表示大地的四方形的四角上刻有不可思議的面孔。

上段刻的面孔是神紋，下段是饕餮紋。饕餮是想像中的動物，是護神的怪獸。圖案所顯示的是神奇的饕餮在天空中自由飛翔的樣子。玉鉞是厚度爲八釐米的玉器，從後面打上燈光，好像透明的一樣，玉鉞象徵著軍事統帥權。

在出土的文物中，還有帶著冠的神。

冠是用大鳥的羽毛製成的。

神的手抓著饕餮，神自由地驅使著饕餮，在地上的一切生命之上飛翔。

玉鉞之上刻有神的圖案，說明神的意志已經滲透到了軍事之中。

玉璧是象徵財富的。在良渚文化時，財富就是權力，它意味著對農業和手工業、甚至連流通也包含在內的權力的掌握。

表示統治權的玉琮，表示財富的玉璧，表示軍事的玉鉞，這掌握政治、財富、軍事三大權力的部落首領，已經在長江流域出現。

種種跡象表明，良渚文化時期已經出現了國家的雛形。

<4> 遐邇一體，率賓歸王

在一座山上，有一些由碎石堆積而成的建築，沒有人能說出它們在這裏已經沉睡了多久，如果不是有一天考古學家出於偶然的機會來到位於遼寧、內蒙古、河北三省交界的紅山（今屬內蒙古赤峰市），他們或許還會一直沉默下去。

考古學家發現這些巨石組成了一些有規則的圖案，經過考證，這是一處距今五千年的祭壇遺址，也是中國最早的一處宗教遺存。進一步的挖掘，使人們又有了新的發現，原來在巨石之下隱藏著一處神秘的貴族墓葬。墓裏出土了被當地百姓當成筆筒的玉箍，當時正是它把考古學家引到了這裏。還有被考古學家稱爲玉豬龍的玉器，說它是龍似乎有些勉強，但是如果我們把它與商代婦好墓出土的一對玉龍進行比較，就不難發現它們之間似乎的確有著某種無法阻隔的血脈關聯。這是中華民族象徵——龍的最初形狀。

雖說玉豬龍的頭頂及身體大部分殘缺，僅遺留頭、耳、吻及前身、下肢部分，但仍能顯示出紅山人獨特的玉器製作水準。玉豬龍的發現使人們第一次把豬和龍的形成聯繫在一起，並且說明當時社會已經有了權力等級的劃分。

不久之後，地處遼寧省西部建平、凌源兩縣交界處的牛河梁女神廟遺址的發現，使人們意識到紅山文化的發展水準即使與黃河、長江流域的考古發現相比，也毫不遜色。

在一處古代殿堂式的房屋基址上，在揭開表面坍塌的房屋牆壁之後，先是意外地發現了一隻殘碎的陶製手臂，隨後是一具陶製的女性肢體，一尊眞人大小的彩塑

»»» 天·工·開·物 »»»

钁

又稱鐝，狀如扁長方形，上端有銎，可安裝橫柄，是深掘土地的有力工具，亦可刨掘農作物的根株。钁起源於新石器時代的石錛，商周已出現青銅，當時稱欘。《說文解字》曰：「钁，大鋤也。」戰國時期，鐵已得到推廣。

»»» 中·外·名·人 »»»

■頡

（生卒年不詳）一作倉頡，傳說爲黃帝的史官，漢字的創造者。《荀子·解蔽》記載：「好書者眾矣，而倉頡獨傳者一也。」由此可見，倉頡可能是上古時代整理文字的代表人物。

■烏魯卡基那

（Urukagina，生卒年不詳）西元前二十四世紀兩河流域南部蘇美城邦拉格什的國王。約前二三七八年奪取政權。在位期間（約前二三七八—前二三七一年）實行改革，打擊了傳統的貴族勢力，有利於廣大平民。

女神像，發現時她的肢體已經殘碎，但頭部保存完好。她的眼眶中鑲嵌著蛋清色的用玉做的眼睛，顯得神聖而富有生命力。她使億萬中國人第一次看到用黃土塑造成的五千年前祖先的形象，這一形象被譽爲中國文明黎明時期的藝術高峰。

紅山文化是一段五千年前沒有文字的史前文明，它以自己獨特而鮮明的形象，向人們講述著中國北方燕山地區文明的起源。

從四千多年前或者更早一些時候起，中華文明進入了傳說時代。上古傳說中五帝之首的黃帝，就曾通過關鍵的一場戰役，奠定了基業。以黃帝爲首領的氏族部落生活在中原一帶，不斷地繁衍生息，使其走向強大。

據《史記．五帝本紀》記載：「黃帝者，少典之子，姓公孫，名曰軒轅。生而神靈，弱而能言，幼而徇齊，長而敦敏，成而聰明，」是個具有無上尊嚴的中央天帝。黃帝的對手是被民間譽爲戰神的一個叫蚩尤的人。蚩尤具有呼風喚雨的本領，在上古傳說中，他有八十一個銅頭鐵額的兄弟，個個兇猛無比，而且，作爲東方九黎族首領的蚩尤，還聯合了南方苗民，誓將黃帝部落征服。憑藉這些優勢，蚩尤率大軍到達中原涿鹿。戰場上蚩尤祭起大霧，把黃帝軍隊團團圍住。

鳥形佩

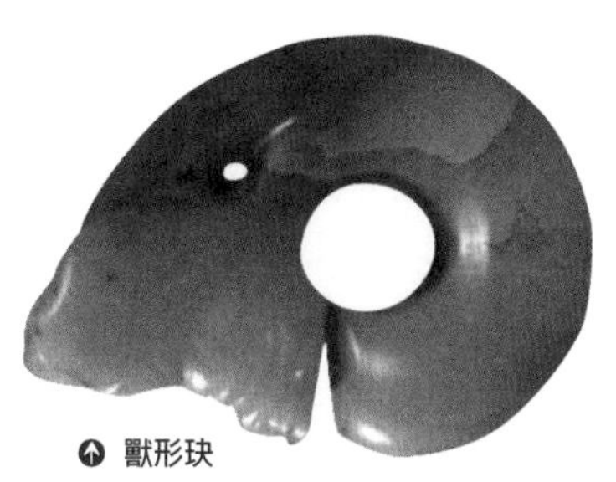
獸形玦

紅山－祭壇遺址　遺址內有象徵天圓地方的圓形祭壇和方形祭壇，總體布局按南北軸線分布，注重對稱，有中心和兩翼主次之分

然後左右出擊，使驚慌失措、毫無防備的黃帝軍隊損失慘重。

就在這時，黃帝和手下一名叫風後的軍官，依照北斗星的方位，緊急中製作了一輛能辨別方向的戰車，即「指南車」，並根據士兵手中不同的兵器，分別排成了八種奇異的隊形，由站在高處的指揮官發令，調動這種進攻方陣。這種包含著原始戰術藝術的陣法，被後人稱爲「風後八陣」。後來黃帝的軍隊又擂響九通巨鼓，使蚩尤大軍聞聲喪膽。最後，黃帝終於贏得了這場戰爭的勝利。

紅山－陶製的女性肢體　東山嘴的人體雕像呈孕婦特徵，臀部、陰部等性部位都被著意刻畫。它與歐洲舊石器時代的小型石頭女性圓雕，與西亞出土的小型孕婦塑像在表現手法上都極為相似，因而被稱之為「中國的維納斯」

黃帝靠智慧戰勝了蚩尤，並成爲黃河流域的部落首領。爲銘記黃帝在五千年前草創的

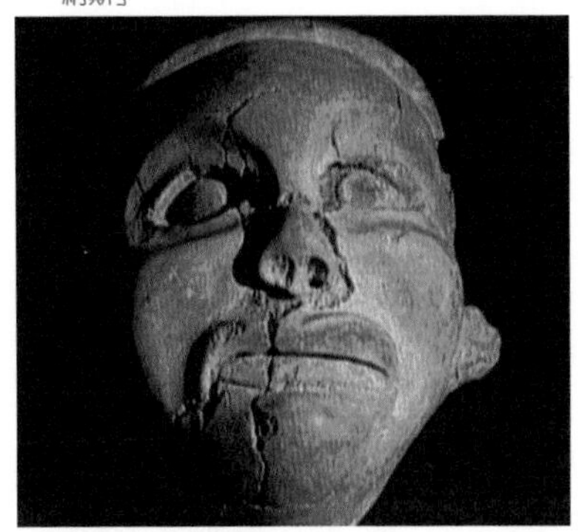
紅山－女神廟頭像正面　頭像擁有寬平的額頭，高高的顴骨，是典型的蒙古人種

黃帝像 黃帝姓公孫，生於軒轅之丘，故稱為軒轅氏。建國於有熊（河南新鄭），亦稱為有熊氏

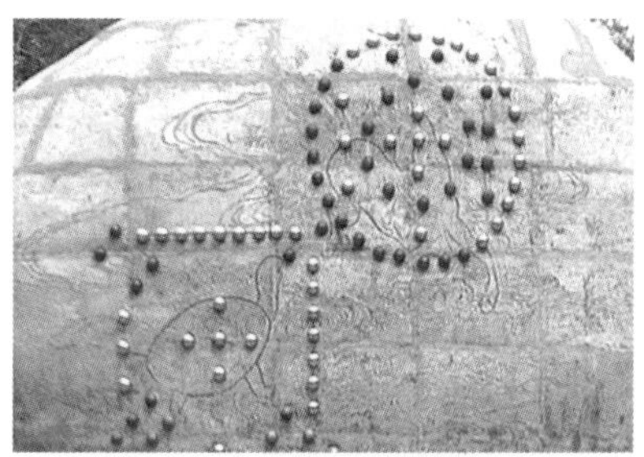

河圖洛書 《易經．繫辭上》云：「河出圖，洛出書，聖人則之。」據傳說，中華始祖伏羲時代黃河中躍出一匹龍馬，背負「河圖」，伏羲接受了它，依據此圖創立了八卦；大禹時，洛水中浮出神龜，背負「洛書」，大禹依據它創立了「洪範九疇」

二里頭遺址 二里頭遺址的現存面積約300萬平方米，是迄今為止可確認的中國最早的王國都城遺址

中華文明，今天他被全世界的華人擁戴爲共同的祖先。

古代重要兒童啓蒙書《千字文》中有句話：「遐邇一體，率賓歸王，」說的是欲爲王者必須德澤天下，方能爲萬民所推服，而黃帝正是這樣一位華夏先民的始祖。因此人們決定將中華文明史的年代從黃帝時代開始算起。

刻在一塊巨石上的符號被民間稱爲「河圖洛書」，後人一直在推測這種排列有序的符號表達的意思。有人說這是先祖們所生活的洞穴的分布圖，也有人說這是原始人類狩獵的戰點陣圖。

據說這種符號來自黃河中部的水下，於是湍急的河流就獲得了特殊的文化歷史含義，再後來的人們就把滾滾東流的黃河稱爲中華民族的母親河了。

傳說中一鼓肚子就能發出隆隆雷聲的伏羲是中國百姓心目中另一位了不起的人物。羲，在古文字中的解釋是動物的意思。從這一點上看，伏羲也許就是指馴服動物的人。人們還把遠古的人類不再赤身裸體和吃熟食的進步歸功於他。然而更主要的是他創造了一種幾乎貫穿整個中國歷史的學問：古老的八卦。據說伏羲的這一靈感來自前面談到的黃河河圖的啓發。那塊木製的圖板實際上是一個可以用來複製的底板，上面刻下了伏羲的八卦和天體的現象，它也和人們通常看到的太極圖一樣，以圓形爲基本形態，它最終也是要表達伏羲對宇宙自然一個最通俗的解釋，那就是所謂任何東西都是一個生命體，都離不開陰陽兩體的渾圓。

八卦在後來被人們理解爲一個陰陽各半，類似兩條魚一樣的圖形，早期有的人試圖用這陰陽魚的圖案概括整個大千世界，由此引發出了有關物質世界是一分爲二還是合二爲一的最古老的哲學命題。

良渚文化影響了長江下游廣大地區，但是在西元前二二〇〇年前後，良渚文化卻消失了。

考古專家調查了良渚文化的地層。從地面向下四十釐米，是現代的地層，再往下出現了灰色的黏土層，沒有任何古人生活過的痕跡，但再往下的茶色土層中見到了表明古人生活痕跡的陶片，這就是良渚文化的文化層。

»»» 天·工·開·物 »»»

陶拍

修飾和加固陶器的工具。多爲木製，也有陶製。前者一般爲長方形小木板製成，在小木板的一端纏上繩子或刻出席紋、方格紋等紋飾，在修飾加工陶坯時，用陶拍拍打，陶坯表面便留下各種紋飾。陶製的多爲扁圓形，似一陶餅，一面刻有紋飾，一面安有捉手，使用方法同上。用陶拍加工過的陶器，不僅增加了美感，而且堅固耐用。中國新石器時代已使用陶拍。

»»» 中·外·名·人 »»»

■堯

（約前二三五七—前二二五八）傳說中父系氏族社會後期部落聯盟首領。曾命羲和掌管時令，制定曆法。諮詢四岳，選舜爲其繼承人，死後舜即位，史稱禪讓。

■納拉姆·辛

（Naram Sin，生卒年不詳）古代兩河流域阿卡德王國國王（約前二二九一—約前二二五五），統治期間國勢甚盛，自稱「天下四方之王」、「神聖的納拉姆·辛」，王權開始神化。

經勘察得知，良渚文化地層上的帶狀灰色土層是大洪水造成的堆積。

良渚文化是因洪水的長期氾濫而消失的。

黃河和長江兩條大河時常發生洪水氾濫，造成巨大的災害。治水，對於中國社會來說是一個永恆的追求，對歷代政權來說都是最爲重要的課題。

在紫禁城中有一處神秘的東五所。

皇帝的近臣們生活的東五所的一角至今仍然寫著對夏禹的頌詞，「四執冠袍，至美遵大禹」。

商湯像 商朝開國之王，子姓。又名履、天乙，卜辭作唐、大乙、高祖乙，滅夏後又稱成湯、武王、成唐或武湯，為夏末商國首領，建都於亳（今商丘）

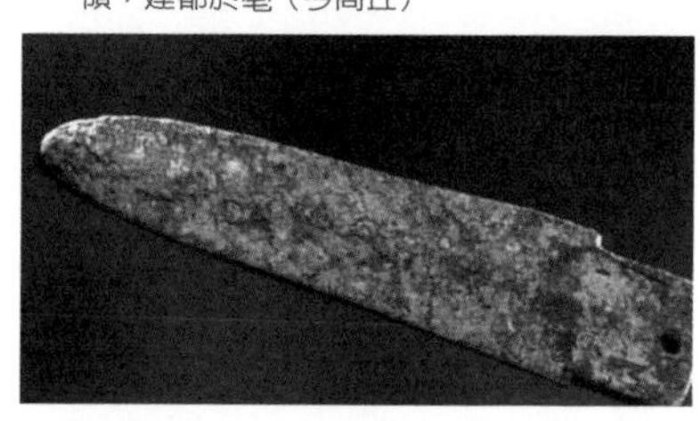

二里頭遺址－青銅戈 二里頭出土的青銅戈，是中國最古老的青銅兵器

禹，在中國最後的王朝──清代，仍被作爲中國最早王朝──夏的創立者而受到祭奠。北京故宮博物院收藏的「大禹治水玉山」，高二百二十四釐米，重五千三百五十公斤。玉山上刻著大禹親自治水、鑿岩蓄水、劈山導流的形象。人們說治黃河者治天下，那麼，最初起於治理黃河的夏王朝，其都城在何處呢？

在河南省發現的二里頭遺址，被推測爲是夏王朝的都城，它是良渚文化消失約三百年之後的遺址。有觀點認爲，大洪水之後良渚的人們先遷移到了二里頭，並且帶來了玉器文化，如果是這樣的話，中國最初的王朝──夏，就是由長江和黃河兩大文明的融合而誕生的。

相傳夏王朝持續了約四百年，在這期間，社會迎來了大轉變的時期，歷史進入了青銅器的製造時代。在二里頭出土的青銅戈，是中國最古老的青銅兵器。青銅器的出現使社會生產和生活發生了天翻地覆的變化。

青銅器可以大量生產，青銅器的登場使武器的戰鬥力有了顯著的增強。

夏王朝末期，出現了一個名叫商湯的人物。湯，曾是夏朝掌管軍事的將軍，依靠青銅兵器不斷地吞併周邊的諸侯小國。

湯的勢力不斷增強，進而推翻了夏王朝，建立了商朝。從夏到商，時代發生了巨大變化。夏和商都曾是傳說中的王朝，後經當代學界大規模的「夏商周斷代工程」才得以確認。

在臺北故宮博物院收藏著商代的一件文物，即「祖乙尊」。

商的青銅器被譽爲是世界上無與倫比的工藝精品。這個「祖乙尊」的穩重造型，看起來使人感到充滿著威嚴。

商代的避邪怪獸饕餮和良渚時期的饕餮相比，強壯了許多，透過它，使人感受到先民智慧的開啓、勇氣的增加、氣象的擴大，使人感覺到社會發展潮流的無可阻擋，使人感覺到新誕生的王朝——商，比以往的夏，蘊含著更加巨大的力量和蓬勃向上的精神。

»»» 歷·史·典·故 »»»

女媧補天

自從盤古開天闢地，又過了好多好多年，出現了人類的始祖女媧。她是個女人。女媧用水和土和好的泥捏成泥人，向泥人吹口氣，泥人就變成了活人。女媧既造男人，也造女人。那些被女媧造出的人類生活在一起，繁衍著人類的子孫後代。可是後來發生了不好的事情，支撐天空的四根柱子腐朽了，天要塌了。從天的漏洞中漏出了大雨，從地的裂縫中冒出了大火。女媧看到人類的生存受到威脅，就從深山中採來紅、黃、藍、白、黑五種彩石進行冶煉，用煉好的彩石修補天上漏洞。天上的漏洞補好了，並出現道道彩虹。女媧又到深海捉了隻巨大的海龜，砍下海龜的四條腿替換腐朽的天柱。人類從此過上安定的生活。這個傳說反映了母系氏族公社的社會生活狀況，那時候婦女佔據著社會統治地位。

»»» 中·外·名·人 »»»

■舜

（生卒年不詳）傳說中父系氏族社會後期部落聯盟首領。相傳因四岳推薦，堯命他攝政。他巡行四方，除去共工等四人。即位後又諮詢四岳，挑選治水有功的禹爲繼承人。

■烏爾納姆

（Ur-Nammu，？—前二〇九六）古代兩河流域蘇美城邦烏爾的國王（約前二一一三—前二〇九六）。實行中央集權制，復興農業、修造運河、改善交通。並頒佈《烏爾納姆法典》，爲迄今所知第一部成文法典。

前1600年 ›››› 前771年

第二章 尋找失落的年表

<1> 歷史的困惑

從西元前八四一年開始，中國所有的歷史事件開始有了絕對年代的尺規。

這一年，中國歷史出大事了。

西周晚期，周厲王在位。厲王重用奸佞之人，侵佔國家公產。誰批評他，他就殺誰的頭。人們在街上相遇，不能用嘴，只能用眼睛互相打招呼。

有大臣對他說，人有嘴，就像大地有山川一樣。防民之口，甚於防川，厲王哪裏聽得進去。

這麼搞了三年，國人終於造反了。

厲王被趕到山西，他的時代結束，從此，他再也沒能回來。

國家恢復了平靜，街市依舊太平。《史記》上說，沒了王的國家，國事由兩個大臣來管理，並把這一段歷史時期叫做共和。

十幾年後，這兩個人還政於厲王的兒子，即周宣王。這是一段眞實歷史。

厲王逃走的這一年，是西元前八四一年。

對這段奇特的歷史現象，司馬遷解釋說：「黃帝以來，即有牒記，我看到過很多牒記中關於歷史的記載，但這些牒記彼此不同，彼此矛盾，我無法把這些矛盾的記錄統一起來，只得存而不論了。」

也就是說，司馬遷手裏擁有從黃帝時代就傳下來的材料，也就是說，後來的堯、舜、禹時代，夏、商、周三代等，都有各種歷史材料傳下來。司馬遷作爲國家的最高史官，他當然能看到這些歷代流傳下來的史料。只不過，經他比對、分析之後，他認爲各種史料關於紀年的材料，到周厲王逃走那一年之後，才能有一個明確的說法。

司馬遷是對的，因爲錯誤的記錄比空白更可怕。

世界上其他文明又是怎樣一個情況？

埃及。

經過一百多年的研究，法、英、德國的考古學家已經把埃及年代學問題基本解決。時間一直到西元前三二〇〇年。

兩河流域就是底格里斯河與幼發拉底河，由於解決了西元前兩千多年古巴比倫王國的紀年，所以據粗略的估計，兩河流域古文明可追溯到西元前三千多年。

雖然世界上四大文明古國，只有中華文明延綿不斷，持續到今天，然而，它的最早的確切時間記錄，也只到西元前八四一年。

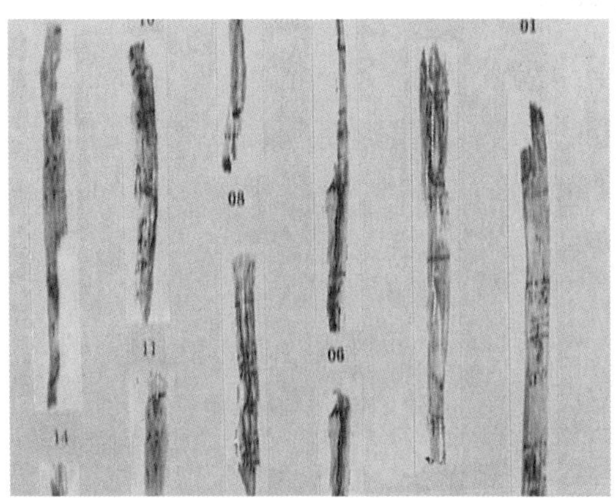

安徽阜陽雙古堆漢墓竹簡 阜陽漢墓出土有竹簡、木簡和木牘，大部分非常破碎，但內容非常豐富，經過清理，發現有《詩經》、《周易》、《倉頡篇》、《年表》、《大事記》、《萬物》以及一些干支表殘片等

»»» 歷·史·典·故 »»»

古帝鳳閣

古帝即黃帝，傳說爲中原各族的共同祖先。姬姓，號軒轅氏、有熊氏。黃帝在阪泉打敗炎帝，又率各部落在涿鹿擊敗蚩尤。從此黃帝成爲部落聯盟的首領。傳說有很多發明創造都創始於黃帝時期，所以黃帝時期瑞草生於庭，鳳凰巢於閣閣、麒麟遊於苑囿。

»»» 中·外·名·人 »»»

■禹

（生卒年不詳）約前二〇七〇—前二〇二五在位，鯀之子。曾用疏導法治水。舜舉禹爲他的繼承人。禹即位，國號夏。後把王位傳給子啓，建立第一個公認的以世襲繼承制爲基礎的政體。

■亞伯拉罕

（Abraham，約前二〇〇〇）猶太人的始祖。亞伯拉罕率領原住南部兩河流域的烏爾城的希伯來人來到巴勒斯坦。

在河南汲縣的小村莊裏，出土了一批竹簡。

人們在竹簡中，發現一部魏國史書，上面記載有夏、商、西周，一直到戰國魏安僖王的年代和大事。這本史書，就叫《紀年》。可惜的是，這本書後來又失傳了。到了近代，有人搜集古人著作中引述《紀年》的隻言片語，編成一本書，叫做《古本竹書紀年》。

一九三五年，中國學者在此附近發掘戰國的大墓，然而再也沒有發現竹簡和年表。

歲月流逝，這樣的機會還會出現嗎？

時光流轉到二十世紀七〇年代，在安徽阜陽雙古堆一號漢墓，又出土了一批竹簡。

經過整理發現裏面有十幾種古籍，其中有很多非常重要的內容，有一種就是年表。

這個年表要比司馬遷所使用的年表早六、七十年，它的價值非常珍貴。這個年表可以說是汲塚竹書出土以後，在兩千年的歷史上從來沒有發現過相似的關於紀年的簡牘資料，相當珍貴，立刻引起了國際上的關注。

這些材料破碎得很厲害，在二百多個碎片裏很多都是只有幾個字，最長的也只有九個多釐米，很難完全地復原了。雖然如此，作爲幾百年來唯一一次出土的年表，它的資料性還是彌足珍貴的。

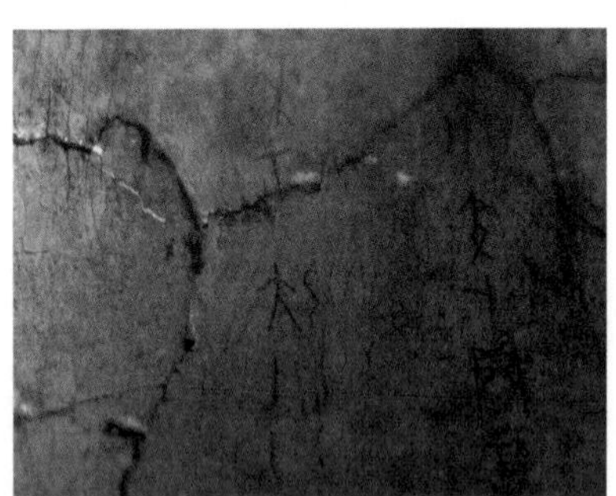

甲骨上的「大乙」兩字

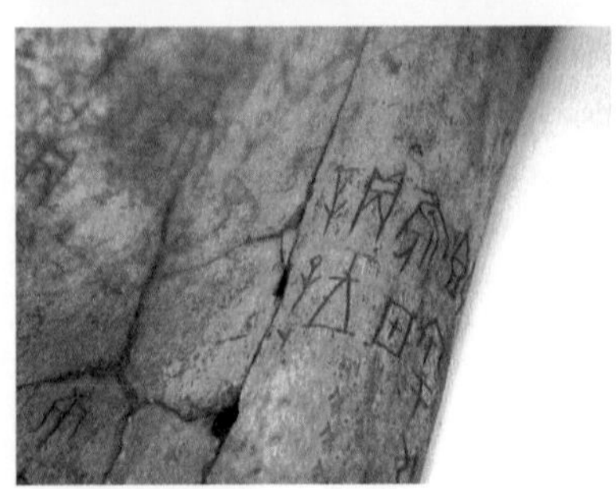

甲骨上的「王亥」

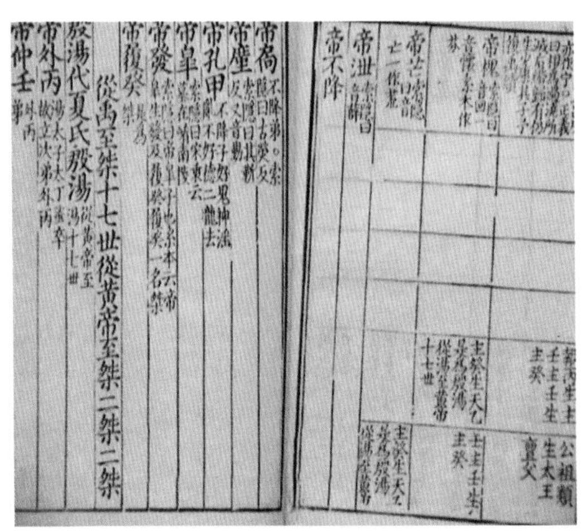
帝槐
帝芒
帝泄
帝不降
帝扃
帝廑
帝孔甲
帝皋
帝發
帝履癸
從禹至桀十七世
殷湯代夏氏殷湯
帝外丙
帝仲壬

《史記》中夏代各王的名號

在司馬遷之後，還有沒有人注意到年表，探討這個問題呢？

西漢末年，有個大學者，名叫劉歆。

他利用自編的曆法和當時能見到的文獻，居然推出了一個年表，但是他推出的這個年表，後來的學者們認爲存在很多問題。

清代的皇帝親自批准了一個年表。

這個年表能作爲定論嗎？

大概只有學者們才能心知肚明。

後來，問題就更玄了。連夏、商兩代是否存在，也成了問題。

十九世紀末，學者們發現了一種刻在龜甲和牛骨頭上的奇怪文字，即今天說的甲骨文。

天·工·開·物

匣缽

窯具之一。在燒製陶瓷器過程中，爲防止氣體及有害物質對坯體、釉面的破壞及污損，將陶瓷器和坯體放置在用耐火材料製成的容器中焙燒，這種容器即匣缽，亦稱匣子。不僅可提高裝燒量、製品不致黏結、提高成品率，而且因其具有一定的導熱性和熱穩定性，可保證陶瓷品質。其形狀依器物形狀而異。我國紅山文化時期燒製的蛋殼黑陶，已使用專門的匣缽。

中·外·名·人

■皋陶

（約前二十世紀）皋城（今六安）人，古六安國始祖。相傳曾被舜任爲掌管刑法的「理」官，以正直著稱，被奉爲中國司法鼻祖。曾助禹治水。

■阿美涅姆赫特一世

（Amenemhet Ⅰ，約前一九九一—前一九六二）古埃及十二王朝（約前一九九一—前一七八六）法老。對內劃定各州邊界，阻止各州間爲擴大地盤進行無休止的戰爭。對外則對努比亞進行戰爭。

甲骨文為人們打開了一扇窗口，使人們看到了一個活生生的歷史時期。

在甲骨文上發現了「大乙」兩個字。「大乙」就是「天乙」。「天乙」，正是商代的第一個王——商湯王。

「王亥，上甲」，也出現在甲骨的記錄中。

「王亥」，就是書上說的「振」，是商族的祖先之一。「振生微」，就是說「振」生了「微」，「振」當然就是「微」的老爹，「微」就是「振」的兒子。

「微」是誰呢，從書上我們可以看到「微字上甲」。微的名字就是「上甲」，「上甲」就是「微」。人們在出土的牛胛骨上看到了這個合文。

傳世的文獻，和地下出土的文字契合得這樣好，叫人簡直不敢相信自己的眼睛。

學者們的目光繼續往前看，司馬遷還留下了夏代各王的名號。

再往前，司馬遷為人們留下了一個傳說中的時代。

要邁過西元前八四一年這道門檻，需要什麼條件呢？

研究夏商周斷代工程，需要大量眞實而可靠的歷史資料。

羅琨先生認為，「研究中國古史的學者常常談到僞書問題，僞書有幾種情況，第一，古代流傳下來在後來寫成的東西，還有一種是根據部分古代流傳下來的材料，後世寫成的，比如《尚書》裏頭的《禹貢》，還有《堯典》，許多人認為它是不可信的，因為它是部分根據古代傳下來的材料，很多的內容是後人加工的，但是其中確實也包含著古代一些眞實的情況。再一種情況，就是後世的僞書。僞書的出現，是因為中國的史學家一向是非常嚴謹的，認為只有當時的材料，才是值得重視的。實際上，僞書裏頭，包含著很多可信的材料。就算不是僞書，在長期流傳過程中也有錯，也要進行比較嚴密的考證。」

經過七、八十年數代人的不斷努力，特別是最近四十多年的工作，從西元前三千年的仰韶晚期，直至商代、西周的考古發現，爲古史研究提供了全新的視野和佐證。

在世界歷史的研究過程中，斷代工作，充分利用了流傳下來的天象記錄。天文學借助楔形文字，解決了古巴比倫王國西元前兩千多年以後的紀年。

在中國的古文獻中，也有很多關於天象的記錄。但是，這些關於天象的記錄，靠得住嗎？事情並不像想像的那樣簡單。

一九九六年，「夏商周斷代工程」正式啓動。

一共有二百多位學養深厚的專家學者，分九個課題，四十四個專題，進行研究。

歷史文獻學、考古學、碳14測年法、天文學，儘管是四個互相獨立的工程，如果聯立起來，能不能得到比較明晰的結果呢？

古史中的夏，到底相當於考古學上的哪一段？在各種陶器上，人們只看到仰韶文化、龍山文化、二里頭文化……就是沒有「夏文化」。

夏屬於哪一段？

這是一個必須回答的、不能含糊的問題。

歷史發展到河南龍山文化中晚期，青銅器出現了。青銅器的出現，標誌著社會進入一個飛躍發展時期，中國歷史應當進入到一個新的紀年，新的紀年就是夏王朝的建立，這是從時代或者青銅器方面來講的。除此之外在河南龍山文化的中期和晚期，發現了多座小型城址，比如登封王城崗、淮陽平糧台等古城堡。夏代傳說是「萬國」，可能當時的部落國家極其衆多，商朝是「千國」，到了周朝就是八百多了，這說明社會越來越融合，越來越集中了。「萬國」的時候有可能就是有衆多的小城堡，就是說夏朝以前，或夏朝初期，有很多小型城堡，現在這些小型城堡已經在考古中有所發現了。另外一個方面，從文化序列方面來研究，比如說研究二里頭文化，二里頭文化之前是新砦期文化，再向上推，把河南龍山文化晚期、新砦期定爲夏代的早期，這樣根據文化本身，把銅器、陶器、玉器、石器、骨角蚌器等，連鎖反映的階段性問題，聯繫起來，確定爲夏代初年的一些考古資料。

河南禹州瓦店村夏代初期遺址 河南禹州瓦店是規模較大的河南龍山文化晚期遺址，發現有大型房基、奠基坑及精美的玉器和陶器，它們的發現為探討早期夏文化提供了線索

禹州瓦店發掘的酒器

史書上記載有「禹都陽城」，陽城在哪裏呢？

在河南登封發現了王城崗遺址，人們崇敬的大禹，當年很可能曾經在這裏走來走去，而且住在這裏。

然而歷史和我們開了一個玩笑，上演了一齣《雙城記》。

在河南禹州瓦店村，也發現了一個夏代初期的遺址。

這兩個遺址爲何有可能是都城遺址呢？因爲它們範圍大，出土的東西豐富，而且製造精緻，不是一般陶器，在當時的物質條件下，能使用這種陶器的很可能是地位較高的富有階層。登封王城崗和禹州瓦店這個遺址，也就是現在一般認爲的龍山遺址。

經過碳14測年測定，夏代初年這兩個遺址的年代範圍爲西元前兩千年左右。

史書上說，夏代仲康王在位的時候，發生過一次日蝕。

仲康是夏代的第四個王。

專家們計算出發生在西元前二○○○年左右的日蝕，一共有四次。

這些資料只能作爲找到夏代初年的參考。

文獻中說，夏代初年，金木水火土五大行星聚得非常緊密。

經過計算，這件事發生在西元前一九五三年，很接近西元前二○○○年。五千年間，五大行星靠得這樣緊、這樣密集的，也只有這一次。

因此，龍山文化晚期大致是夏代的開始，是有相當道理的。

大家都知道「河圖洛書」的傳說，曹植寫過《洛神賦》，其內容就是說他非常想念洛水裏的那個縹緲的女神。

在這裏有兩條河，一條叫洛河，一條叫伊河，不妨也稱之爲「兩河流域」，在「兩河流域」有一個小村莊叫做二里頭。誰也沒想到，在這個小村莊的底下埋藏著一座規模巨大的、夏代最後的都城。

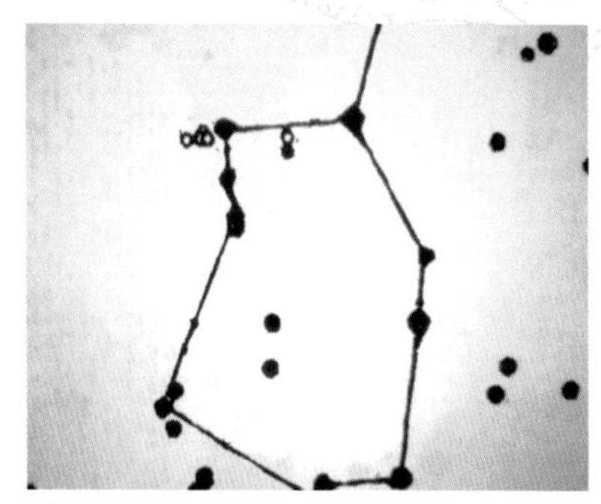

五星相聚 夏代有五星聚、仲康日食兩條天象記錄，可通過天文推算考察夏年。經對夏代立國前後的五星聚合重新推算，也證實了這次五星聚會是迄今五千年中最難得的一次。西元前一九五三年二月中旬至三月初，在黎明時分的東方地平線上，土星、木星、水星、火星和金星排成一列，在二月二十六日，五大行星之間的角距離小於四度

洛河與伊河 河洛地區是夏文化、華夏文化的發源地及其形成、發展的核心地區，也是漢文化、中華民族文化的發源地

二里頭文化遺址 二里頭遺址位於河南省偃師縣二里頭村南，面積約三百七十五萬平方米。已發掘出的二里頭文化遺址有宮殿建築基址、作坊遺址、一般居住址、陶窯和墓葬等，並出土了大批遺物

它的面積比現在的故宮還要大出好幾倍，它的中部是一個宮殿區，其中的一座面積在一萬平方米以上！

夏代的都城遷了八次，最後的一個叫「斟鄩」。從史料上看，斟鄩就在洛河和伊河這一帶。

洛水與伊水之間，物美人豐，足以支持二里頭文化的發展。

這裏是華夏文明的搖籃，是中國的「兩河流域」。

水、土與文化，物質與精神，構成了完美無缺的組合。

夏代一共存在了多少年？

《三字經》中記載，「夏傳子，家天下，四百載，遷夏社」。

文獻上說夏代有四百七十一年，還有的文獻上說是四百三十一年，中間差了四十年。

「夏商周斷代工程」首席科學家李學勤先生認爲，「夏朝最先是禹，禹之後是啓，啓之後是太康，據說太康是貪暴的王，所以江山在他手上喪失，後來夏朝還有王在繼續，可是成了傀儡。眞正控制王朝的是有窮氏、后羿，

二里頭文化遺址－復原的宮殿模型 二里頭遺址上層發現的大型宮殿基址，是反映這一時期建築水準的代表性遺存，是迄今所知中國最早的宮殿建築，其形制開中國宮殿建築之先河

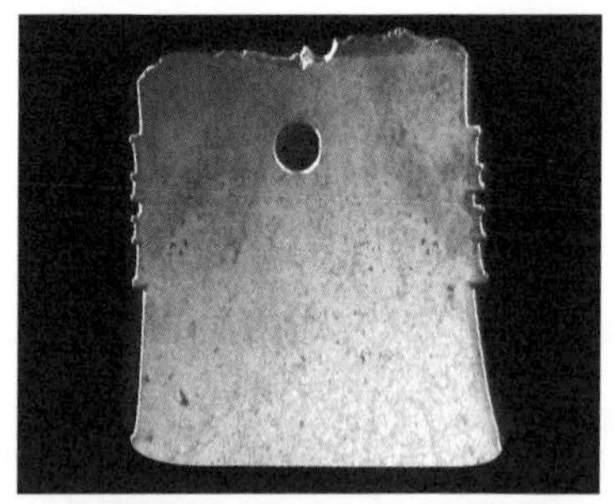

二里頭玉鉞 鉞是軍事權力的象徵，它是統治者使全氏族成員參加戰爭的軍事權杖，也是權貴者舉行慶典顯耀威儀的儀仗用具

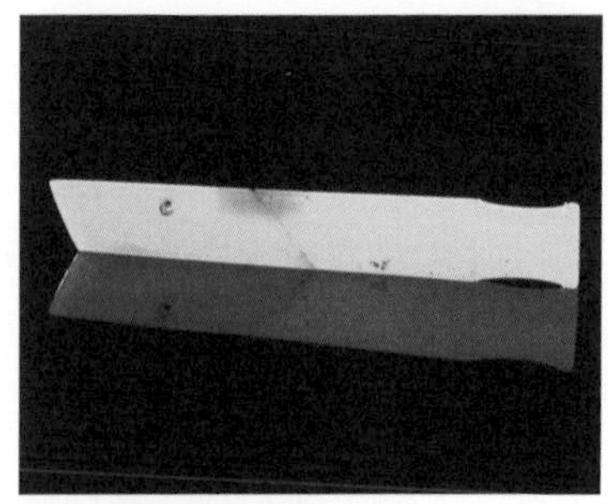

二里頭出土的玉器

二里頭玉圭 玉圭源於石鏟和石斧，玉圭是上古重要的禮器，被廣泛用作「朝勤禮見」，分標明等級身分的瑞玉及祭祖盟警的祭器

二里頭出土的玉飾 二里頭遺址中出土的玉器，製作十分精緻，已綜合了研磨削切、勾線陰刻、陽刻浮雕、鑽孔和拋光等多種琢製技術，大都達到了很高水準

有窮氏和後來的寒浞，這兩代，大家認爲是四十年。因此說夏是有王和無王，無王不是說沒有王，就是說沒有眞正的王了，就是沒有天下了。那麼有王與無王，加起來是四百七十一年，如果減去無王的四十年，正好是四百三十一年」。

太康王是禹的孫子，用今天的話說，比較腐敗。羿趁太康出遊，控制了王朝。羿傳說是射掉九個太陽的羿的後代，還傳說羿的夫人就是嫦娥，後來飛到月亮上去了。後來，羿的屬下寒浞，又趁羿出遊，控制了王朝。再後來，太康的後代少康又

歷·史·典·故

堯舜禪讓

傳說堯年老的時候，看到自己的兒子丹朱不務正業、遊手好閒，難擔治天下重任，就想把帝位傳給賢明之人。舜勤勞，有智慧，又孝順父母，深受百姓敬重，引起堯的注意。堯把自己的兩個女兒嫁給他考驗他的治家之能，把自己的九個不成器的兒子派去和舜一起生活考驗舜的教化能力。結果舜經受了考驗。堯即把治天下大權交給了舜。舜繼位後，頗有政績，深得百姓愛戴。

中·外·名·人

■啓

（生卒年不詳）禹之子。禹死後繼位。經過著名的「甘之戰」，打敗反對者有扈氏後，召集鈞台大會，確立奴隸制王權。

■塔巴爾那

（Tabarnas，約前十七世紀）赫悌王國的創立者。圖得哈里亞一世（Tudhaliyas Ⅰ）之孫。前一六四○年，征服小亞細亞東部廣大地區，自稱「大王」，爾後「塔巴爾那」成爲赫悌諸王的尊號。

打了回來，殺了寒浞，奪回了王朝。

夏最後是被商取代了，那是一次改朝換代。

商代的第一個王叫湯，他取代了夏代最後一個王夏桀。

商湯如何伐夏桀，很多人都不大清楚。

張永山先生認爲，「商湯滅夏選擇了一個比較好的時機，他把夏人的幾個重要的同盟國，一個一個給滅了，這就是說把夏王朝的幾個重要臂膀消滅了，然後他又選擇了夏桀最殘暴的時候，趁國內統治不穩時，起兵西征，就是從現在的豫中往西打，也就是從他的都城打到夏的都城，就是現在偃師這一帶，夏桀的部隊根本抵抗不了商湯的征伐。夏桀就沿著洛河和黃河向上逃跑，就轉到山西就是歷史上說的夏墟這一帶。晉南夏墟是夏人發跡的地方，那兒有一個山脈叫鳴條山，就是現在晉南襄汾一帶。到這裏的時候，商湯一直追過來，雙方打了一仗，最後

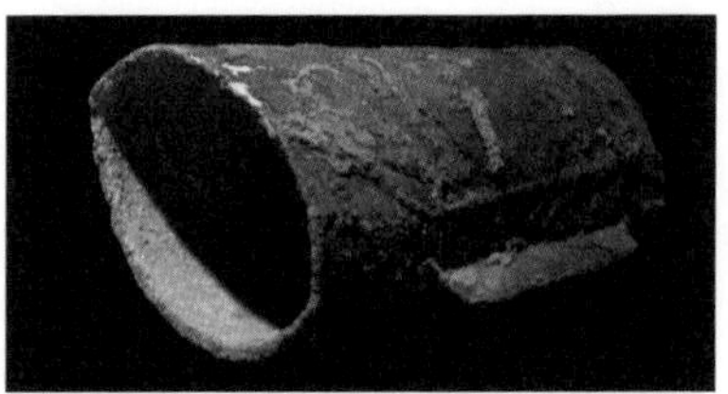

二里頭出土的玉器

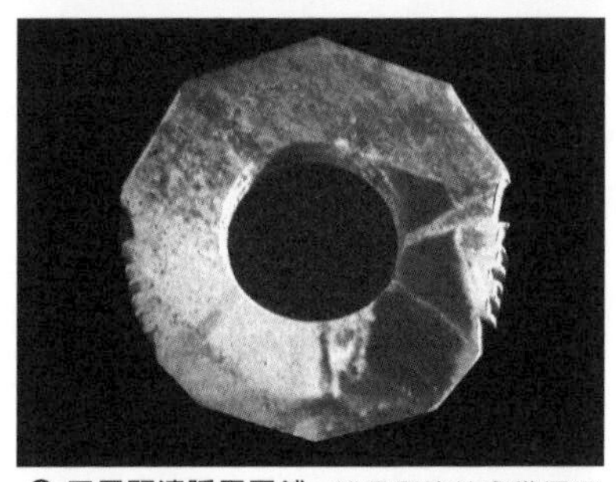

二里頭連弧刃玉鉞 鉞是原始社會掌握王權、神權、軍權的巫師所使用的禮器

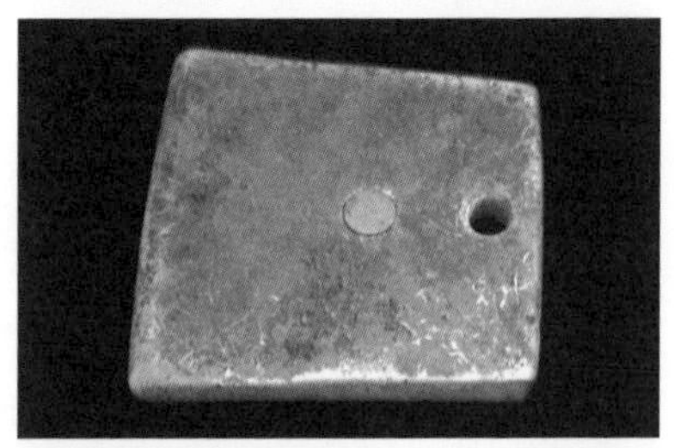

二里頭出土的玉器

二里頭出土的青銅器 在二里頭發現了中國最早的青銅禮器群和最早的青銅冶鑄作坊的大型古代遺址

把夏桀的軍隊全部打垮了，夏桀就逃跑了。」

實在令人難以相信，商代第一個王，也就是湯的都城居然就埋在河南省的省會鄭州下面。

鄭州商城 鄭州商城內面積約達十三平方公里，是中國商代最早而且是最大的一座王都，也是中國歷史上第一座建有城垣的王都。這是中國迄今發現的第一座具有一定規劃布局，並且擁有完整的防禦體系的都城遺址

從地下挖掘出宮殿的遺址，還有祭祀的地方，以及各種手工作坊等，其面積與鄭州可以相比。

誰也不能否認，這裏曾是一個王都級的大城市。

幾千年前的城市，有城牆嗎？

有。

在哪裏？在地下多深？使人驚奇的是，鄭州商城的城牆現今依然保存完好。

偃師商城的水道 在偃師商城遺址的南部發現有地下水道橫貫宮城北部，經城門連通城外護城河。引水道與排水道二者合計總長度超過千米，皆使用石塊壘砌

黃土這東西，看似很不結實，比不上一些古老文明的石頭建築。然而，只要壘起一堆土，夯結實，不去多加干擾，它就能幾千年還這麼存在著。西安的秦陵、漢陵還在，然而，商代最早期的城牆也還在，卻真正令人難以置信了。

二里頭遺址是夏代最後一個都城，鄭州商城和二里頭遺址之間關係如何呢？

從鄭州出發沿高速公路往西不過八十多公里，到偃師市，就到了二里頭。

商中期的弦紋甗

第一次月食記錄　西元前1201年
第二次月食記錄　西元前1198年
第三次月食記錄　西元前1192年

第四次月食記錄　西元前1189年
第五次月食記錄　西元前1181年

第三次月食是在西元前1192年

五次月食排列表

武丁像　商代國王，傳說名昭，被稱作「中興之王」。年幼時，武丁曾在外行役，與「小人」一起勞作，因而較了解「稼穡之艱難」。他即王位後，力求鞏固統治，增強國力，使商王朝得以大治。《史記．殷本紀》稱：「武丁修政行德，殷道復興。」

更有意思的是，距二里頭幾公里，又發現了一個商代最早期的城，叫偃師商城。

往上邊看，有一組樓群，那個位置是最外面的城。裏裏外外，一共有三重城垣，使人們想起了北京城。像這樣大規模的基址在宮城裏一共有五處，完全是四合院式的宮殿建築。

宮殿的基址上按原樣重現了地下的實際情況。

基址上有很多半截的木樁子，那是柱子的位置。

宮殿的後面發現了一個水池，進水和出水的水道，是用石頭砌成的。水從西邊引進來，從東邊流出去。這是後宮御花

»»» 天·工·開·物 »»»

豎穴窯

新石器時代陶窯。由火膛、火道、窯室構成。較早的火膛爲口小底大的袋形坑，其上有數條火道直通窯室，三者基本爲垂直結構。晚期的豎穴窯較爲進步，窯室的位置不是垂直於火膛之上，而是讓火焰沿傾斜的火道進入窯室，窯室的底上修出多個火眼的窯箅。這種陶窯在仰韶文化半坡類型遺址中即已發現，後爲龍山文化所繼承。

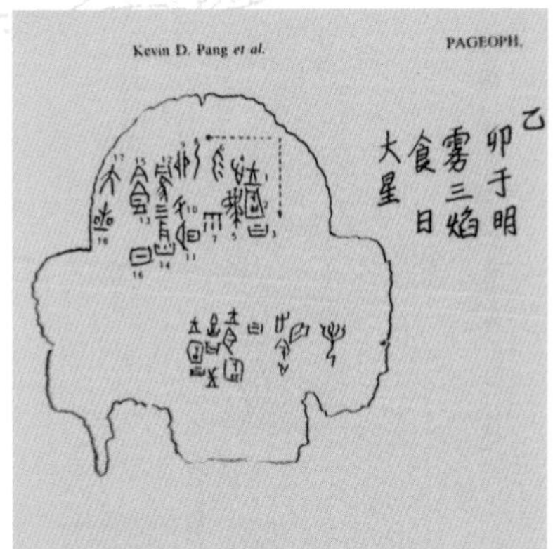

「三焰食日」的甲骨拓片

記載三焰食日的甲骨

周祭青銅器 商代晚期，商王用五種祭祀方法按固定順序輪流祭祖直系先王及其配偶。一個祭祖周期稱為一祀，長度約等於一個太陽年，被稱為周祭，有計時作用

園，還是戰備設施，抑或兼而有之，目前還是一個謎。

偃師商城工程北部的大水池子，還連著兩條石頭砌的水渠，進水的渠道是在西頭，出水的渠道是在東頭，歷代的帝王池苑裏水的流向都是從西往東流，這是中國地勢決定的，因爲西高東低，這就決定水向是從西往東流。又因爲在中國傳統五行裏西方屬金，所以這條水渠一般後代都叫做金水河。現在鄭州還有一條河叫金水河，像北宋的汴梁城也有一條金水河，只要是從西方過來的河流到宮城裏的都叫金水河。偃師商城的建築規制有許多與春秋戰國時期的《考工記》中關於古代都城的規劃是相符的，甚至可以說《考工記》裏的許多內容就是從偃師商城開始發源的。一些比較重要的制度、基本的制度在偃師商城都有了，甚至《考工記》裏沒有總結出來的內容如宮殿北部要有水池子，也已經出現了。這一條，恰恰是中國古代都城裏頭必不可少的，也就是說要做宮殿，必定要有一個大型水池，這也是人與自然追求和諧的很重要的一條。

鄭州商城和偃師商城，哪一個在時間上更接近二里頭夏都城呢？

經過碳14測年，鄭州商城和偃師商城始建的年代在西元前一六一〇年到西元前一五六〇年這五十年之間。

在比鄭州商城晚的小雙橋遺址發現了兩個青銅建築構件，是屬於商代二里岡上層時期的，引起了學者的注意。後來在這兒組織挖掘，發現了大面積的祭祀遺存，在一座宮殿基址的前面，就發現了埋的牛、狗。在祭祀坑當中，還有一些隨葬的陶器，陶器當中有的用朱砂寫上了文字，這是比甲骨文還早的文字了，而且斷代工程啓動以後，在這兒進行了廣泛的調查和新的挖掘，證明其面積約有十幾萬平方米，同時根據裏邊發現的這些東西，特別是陶器，確認它是比鄭州商城的繁榮期要晚的一處具有都邑規模的遺址。

從地望、年代、規格來看，這裏有可能是商代搬遷的另一個都城，只是現在無法找出那些王是何年何月在位。

天已向晚，風吹過來，不禁使人想到了《詩經》中那首有名的詩《黍離》：彼黍離離，彼稷之苗，行邁靡靡，中心搖搖。知我者謂我心憂，不知我者謂我何求。悠悠蒼天，此何人哉？

把後面改一下，變成：

知我者謂我何求，

不知我者謂我何憂。

其實，求之不得，安能不心憂？

悠悠蒼天，

這裏埋的是哪一年在位的王侯？

<2> 天再旦

目前發現的商代最早的都城級的遺址，究竟是河南的鄭州商城，還是偃師商城？

《千字文》中曾有記載「說感武丁」，楊錫璋先生認爲，「武丁是商代後期一個很重要的國王，據歷史記載，商代後期一共有二百六、七十年，武丁在位一共有五十九年，可以說佔了整個商代後期四分之一的時間，一般歷史上把他稱做『中興之主』。武丁在位的時候，商代的國力非常強盛，從甲骨文記載看，他當時跟周圍很多地方打仗，打仗實際上是擴張他的國力。從考古發現來看，他在位的時候經濟很發達，文化水準很高，這個時候的青銅器、玉器都是很漂亮的。比如著名的婦好墓，這個「婦好」就是武丁的配偶，她的墓並不大，但裏面發現了很多青銅器，青銅器就四百多件，玉器有七、八百件，青銅器很大，品質很高，可以說是商代後期青銅器最優秀的。中國的青銅文化是世界上水準最高的，商代後期正是水準最高的時候，而這個時候正是武丁時期」。

武丁時期的一片甲骨上，有人看出「三焰食日」四個字。它是不是在描寫日蝕時出現的圍繞太陽的日珥？天文學是不是可以利用這次日蝕的記錄來估算武丁在位時間？

李學勤先生解釋說，「古文字學家對這片甲骨進行重新的釋讀，發現它不是三焰食日，那個『三』字也不是『三』，『焰』也不是現在的『焰』，而且『食日』是一天裏一個時段的名稱，也不是日食，所以就把這個問題排除掉了」。

「三焰食日」的甲骨上也有「大星」的記錄，有人說這就是日蝕發生時能看到水星。

對此，席澤宗先生認爲，「這一片甲骨可以說就是三項世界冠軍。一個是最早的日食記錄，當時記下來了，一個是最早的日珥記錄，日珥就是只有太陽日食才能看見。還有一個日食的時候看到水星。這三條記錄都是世界第一，而斷代工程組卻否定了這條記載」。

幾十年內，五片甲骨上，各記錄一次月食。

在武丁晚期的關於月食共有五次記錄。

古文字學家按著甲骨學的標準排出一個先後次序。

人們不免會有疑問，他們排得對不對呢？

南京天文臺的張培瑜先生，肯定了古文字學家的排法。

張培瑜驚奇地發現，在前後這五百年範圍之內，只有唯一的一組，在幾十年範圍內，既符合甲骨文裏的干支，又符合月食的順序。他認爲，「基本上中國地區可見的月食都被列出來了，如果說文獻有記載，或者是甲骨文有記載，或者是新出土的某個資料，有這方面的記載，都可以通過這個表可以判斷出，很可能它是哪次月食，尤其干支，排列的月食、日食都給出了干支，那個可以判斷出這次記載的日月食發生的年代和時刻」。

天·工·開·物

網紋

陶瓷器的裝飾紋樣之一，亦稱網狀紋、網格紋，其紋樣似漁網。施紋方法有彩繪、刻劃、拍印、壓印等。新石器時代仰韶文化、大溪文化和馬家窯文化多見彩繪網紋；印紋陶及瓷器上多見刻劃、拍印、壓印網紋。

鏤孔

陶器的一種裝飾方法。用工具把陶坯從表到裏雕鏤成圓形、方形或三角形的小孔洞。這種方法主要用於高圈足器。大汶口文化、龍山文化常見此類紋飾。

中·外·名·人

■羿

（生卒年不詳）夏代東夷有窮氏首領。乘夏內亂時一度推翻夏代統治，奪得太康君位，史稱「太康失國」。但羿殘暴,信讒言,治國無方。不久被親信寒浞殺死並取代。

■阿美涅姆赫特三世

（Amenemhet Ⅲ，生卒年不詳）古埃及第十二王朝法老（前一八四二—前一七九七在位）。在位時，中央集權統治得以加強。建造結構複雜的兩層宮殿，被希羅多德稱爲「迷宮」。

文獻上說，武丁在位五十九年。

學者們分辨出，最後兩次月食，發生在下一個商王在位期間。

五次月食的時間排列非常精妙，在第三次和第四次之間，只有一兩年的間隔。

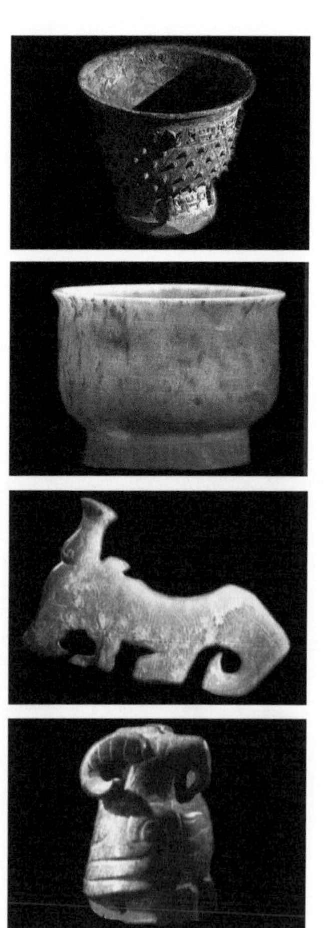

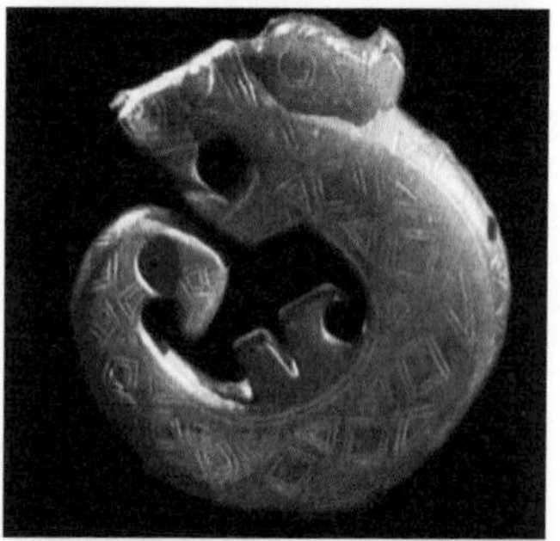

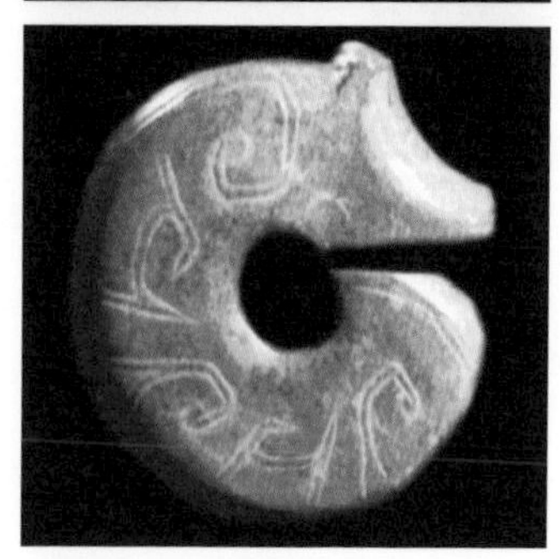

↑婦好墓出土的各種玉器

商後期三羊尊

有字牛骨

第三次月食是在西元前一一九二年，被它作爲武丁的最後一年，上推五十九年，則武丁在位應該是西元前一二五〇至西元前一一九二年。

至於商代的晚期，學者們發現了很有趣的規律。

常玉芝認爲，「周祭是商代後期盛行的一種很有規律、很嚴密的祭祀制度，這種制度是由五種祀典組成的，商王及王室貴族用這五種祀典對三十一位商王，和其中十五位直系商王的配偶，一共五十一個祖先，進行了五種祀典，輪番和周而復始地祭祀，這種祭祀是一個王室接著一個王室進行下去的，這就是周祭。它是商王朝一種非常重要的祭祀制度。在商後期年代學這個課題當中，有一個專題就是利用周祭來論證，商代後期幾個王的在位年數，那麼利用周祭爲什麼能求得王在位的年數呢？因爲商王及王室貴族用這五種祀典，對這五十一位祖先輪番祭祀一周，這個時間是三十六旬，或者三十七旬，三十六旬是三百六十天，三十七旬是三百七十天，這個天數與一個太陽年的日數三百六十五天是相近的， 那麼我們就可以看到排在祀譜裏面三十六旬周祭和三十七旬周祭，一般是相間安排的，就是一個三十六，一個三十七，這樣的話，兩個祭祀周期相當於三百六十五天，那麼我們利用這個周祭的祭祀周期就可以求出王年」。

你也許會問，對這些甲骨，直接用碳14測年那把「快刀子」，不就解決問題了嗎？

學者們何嘗不想，只是問題複雜。

如果用常規方法測年，需要大量的牛骨。而有字甲骨非常珍貴，這事不好辦。

而如果使用北京大學的加速器質譜儀，只用一克樣品就夠了。

誤差有多大呢？

郭之虞認爲，「國際上碳14測定比較先進的水準就是在千分之五以上，千分之五以上難度就要高一些，設備方面、技術方法方面，都要採取一些特殊的措施。比如說百分之一就相當於八十年，千分之五的話就是四十年，現在可以測到千分之四

歷·史·典·故

堯眉八彩

堯，傳說中父系氏族社會後期部落聯盟首領，史稱唐堯。堯的母親叫慶都，二十九歲了還沒有丈夫。一天，慶都在河邊看見一條赤龍負圖游來，圖上有一個人身穿紅色衣服，眉毛呈現出八彩，紅色的鬍鬚很長很長。沒想到慶都竟懷孕了，十四個月後生下了堯，堯的長相與慶都看到的圖上人形一樣，眉呈八彩。堯後來成爲聯盟首領，爲人誠懇、謙和，是傳說中的英帝。

中·外·名·人

■少康

（生卒年不詳）夏代國君，從寒浞手中奪回政權，恢復夏代統治。史稱「少康中興」。這樣，夏代的奴隸制秩序得到恢復，統治步入穩定。

■漢摩拉比

（Hammurapi，約前一七九二—約前一七五○）古巴比倫國王。統一兩河流域中、南部地區，爲古巴比倫的鼎盛時期。頒布《漢摩拉比法典》，是人類歷史上第一部較完備的成文法典。

龍首雙援戈

到五，就是說可以測到誤差到三十幾年到四十年這樣的範圍」。

李學勤認爲，「目前沒有任何一個證據能夠證明超過幾個月，甚至一年，至少一年以上。沒有任何證據可以用的。而且已經殺了的這個牛骨頭，如果是已經變成枯骨了，那麼只有兩個結果。

一個結果就是它的性質，和比較鮮的骨頭是不一樣的。在這個情況之下，再要把它刻出來，然後鑽鑿，再要把它燒灼，讓它出兆，這個能否一致地出現，那就需要實驗了。這是第一個問題。第二個問題要從古人的信仰角度來看，占卜本來是一種宗教信仰，是一種數術的占卜方式，爲什麼要用這個龜甲、牛骨來占卜呢，因爲古人認爲這種東西有靈的，如果把它殺了，這個東西還帶有一定的靈在上面，這樣來占卜是有效的，如果已經變成枯骨，對枯骨是沒有信任的，枯骨就不能表現這個東西了。所以這方面說起來，恐怕它也不會長期保存」。

西周早期難得一見的爬龍藝術品

↑ 商尊　西周早期器物，通高30.4釐米，口徑23.6釐米，重5850克，造型為筒狀三段式，腹部微鼓，整體雄壯穩重

還有一個問題是，每天的干支排法，會不會因改朝換代，而有突然變化。

張培瑜認爲，「干支一共有六十個，月食儘管每年發生一次，但是要在六十年內才有這個機會，所以說在二十幾年，現在只有二十一年就有五個不同的干支，恰恰和甲骨文記載的相同，這個機率是很難得的。所以從這個角度講，我們認爲應該可以看成從殷商到現在的干支是連續的」。

這是斷代小組第一個精確到年的結果。

回到本文開頭我們甚至要考察司馬遷說得對不對。

通過對鼎上面文字的考證推算，並聯繫其他青銅器，證實西元前八四一年這個年代作爲歷史上有確切紀年的開始，是可靠的。

青銅器上的拓片，上面有王年，有月，有日的干支，還有月相。可惜上面都沒有明確到底這件青銅器上面的時間與哪一個王在位時期相符。

晉侯蘇鐘的拓片 鐘上共刻銘文三百五十五字，銘文用利器刻鑿，完整地記載了周厲王三十三年(西元前八四六年)正月八日，晉侯蘇受命伐夙夷的全過程

山西八號墓出土的編鐘 一九九二年，上海博物館從香港古玩肆中發現此套編鐘十四件，並搶救回歸。一九九三年初，山西晉侯墓考古發掘出土了殘存的二件小編鐘，形制與十四件晉侯蘇鐘相同，大小和文字完全可以連綴起來，證實上海博物館從香港搶救回歸的十四件鐘與此次發掘出土的二件鐘原出同墓，此套完整的編鐘數目應是十六件

有「王三十三年」字樣的編鐘

而且，符合這四項條件的，一共只有六十多件。

如果是二百多年的日曆散了的話，把它隨便拿出那麼幾張來，判斷年份就變得很困難了，這就需要考古學家、金文學家和天文學家的共同努力了。

學者們通過紋飾、形制等，定出它大致的時代範圍，再根據銘文涉及的人和事，排出一個曆譜，叫做金文曆譜。

最容易想到的是用它來考察周厲王。

西周第一個王是周武王，相傳他的兒子周成王小的時候，拿著梧桐的葉子，要封他的小弟弟爲侯。

「我是天子，你將來長大了，就到唐那個地方去當侯，你說好不好？」

「什麼叫侯？當個侯是什麼意思？唐這個地方在哪裏？」

「某年某月某日，王封其弟於唐。」

「我和他不過是玩耍，說說罷了，不能當眞呀！」

「您是天下的王，也就是天子，天子就是天的兒子，天子說的任何話，都是要算數的。凡是天子說的話，都是要執行

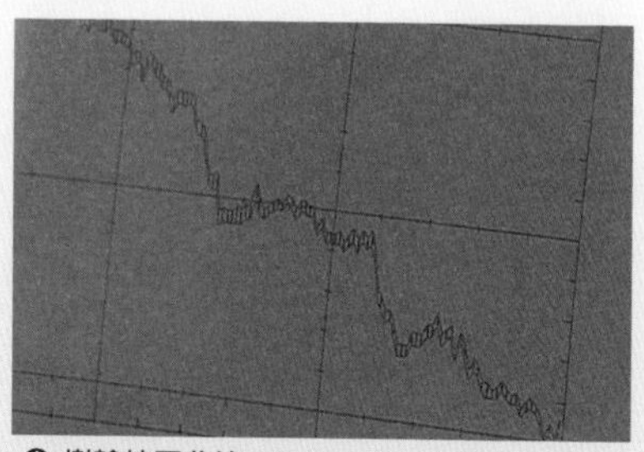
樹輪校正曲線 把自古至今的樹木年輪木片分別測出碳14年代，然後以樹輪年代為橫坐標，測出的碳14年代為縱坐標，即可畫出一條曲線，稱為樹輪校正曲線。根據這條曲線就可以把測出的碳14年代轉換為日曆年代。目前，樹輪校正曲線可以延伸到一萬年前

善夫山鼎

晉侯蘇鐘 編鐘為成組的青銅樂器，該組編鐘大小不一，大的高五十二釐米，小的高二十二釐米，都是甬鐘，共有十六件

人面形飾

的。」史官開始說話。

從歷史上看，周成王的弟弟後來確實被封在一個叫唐的地方，後來改名爲晉。這對夏商周斷代的研究有什麼意義呢？

晉國是西周時期分封的國家之一，如果把它的年代搞得比較清楚，對於建立西周王朝的這個年代標誌就是很重要的一個支撐，因此晉侯墓地的發掘對於西周時期年代學的研究，也起了一個重要的基礎作用，一個重要的支撐點。

漢代的史書上說，「唐」就在現在山西的太原。

而明末清初的學者顧炎武卻說不在太原。他否定太原是首都，他說在南邊，太原南邊，就是講現在臨汾地區的翼城縣、曲沃縣、襄汾縣，大概講了兩三個縣，這一下就相差了八百里。

七〇年代末，北京大學考古系鄒衡先生提出一個觀點，就是說天馬曲村遺址從它的考古文化內涵來說在西周早期一直延續到春秋，這個地方是十分重要的。根據史書記載也好，鄒先生的看法也一樣，這個地方應該是屬於封唐的所在地這個範圍之內的。

在山西南部臨汾地區的天馬、曲村一帶居然發現了八代晉侯和他們夫人的大墓。考古挖掘剛剛開始，一群強盜就搶先下手了。這些人用的是雷管、炸藥，已經不是盜，而是搶了。

當然，後來，盜墓被當地的公安部門制止。

然而，極其珍貴的文物，已經煙消雲散。

上海博物館老館長馬承源老先生遇到了一件蹊蹺的事──香港有人告訴他那裏正在出售一套被人認爲是僞造的編鐘。

馬承源說，「我就馬上告訴香港的古玩店，這十四件鐘，你不要給別人看，因爲我們已經看了。古玩行有個規矩，給人看了以後，只有不要了以後，才可以給第二個人看，第二個人不要再給第三個人看。我就懷疑爲什麼香港沒人要這個東西。爲什麼不要呢？後來他們講對刻在上面的文字有懷疑。懷疑的道理何在呢？因爲所有的西周青銅器的銘文都是鑄造的，就是在模子裏一起鑄造出來的，沒有另外刻的。刻的也許只有一個字，兩個字。而它是整個一篇從頭至尾三百多個字全部都是刻的。西周沒有發現過用工具刻出來的銘文，明顯刻出來的，不是鑄造出來的。因爲刻的痕跡和鑄造出來的痕跡完全不一樣，晉侯蘇鐘的文字，是一個非常古老的刻法。

「文字讀通了以後，就排出來兩組，但文字還沒有完，覺得裏面還有。後來鄒衡先生告訴我們，還有兩個，現在在山西。後來這兩件器物在刊物上發表了，一看文字，正好銜接上。」

山西方面從墓裏找到的兩個編鐘被學者們譽爲幾十年來西周考古最重大的發現。

十六個編鐘，其中一個上面有「王三十三年」這樣的字。這個王，指的就是當時的周天子。據估計，晉侯蘇生活在西周晚期。西周晚期有哪個王在位年超過三十三年？

一個是我們已經很熟悉的周厲王。厲王被國人趕到山西以後，有十幾年的共和時期，一直到他的兒子長大，又當上了王，這就是周宣王。周宣王在位超過三十三年。《史記．衛世家》說，厲王在位不

»»» 天·工·開·物 »»»

龍山文化石灰

燒製石灰是中國新石器時代晚期的重要發明之一。是將碳酸鈣放進通風的窯內燒製而成。白色固體，耐火難溶，有吸水性，具有防潮作用。河南、山西地區的龍山文化遺址中，多次發現了石灰、未燒透的石灰石、殘存石灰的土坑、石灰膏和石灰窯遺物或遺跡。可用作建築材料。

»»» 中·外·名·人 »»»

■桀

(生卒年不詳)歷史上少有的暴君。他生活奢侈腐朽，對人民進行殘酷剝削，階級矛盾尖銳。當時人民咒罵說：「時日（桀）曷喪？予及汝偕亡。」後來爲商祖所滅。

■米諾斯

（Minos，生卒年不詳）古希臘克里特國王。前十七世紀左右，他征服鄰近島嶼，建立有史以來最早的海上霸權和以克里特島爲中心的海上殖民地。

到三十年。但同樣是《史記．周本紀》上說，周厲王在位三十七年。按這個說法，父子兩人，都超過三十三年。

這個問題怎麼解決？

還是要用碳14測年法。

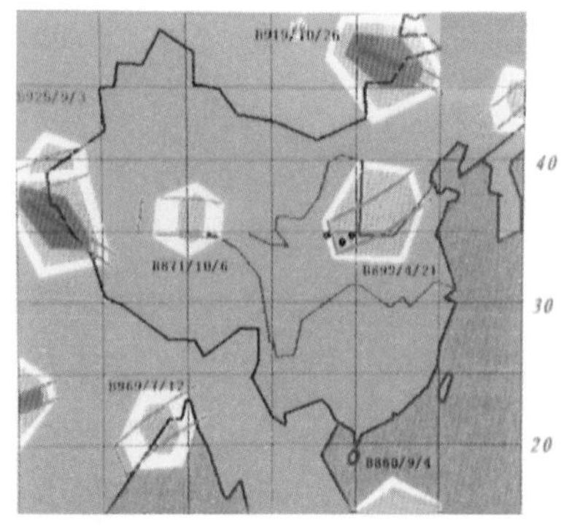

中國可見的天再旦列表

問題是，大氣中的碳14的數目是變化的。這樣一來，動植物體中的碳14的含量也就不一樣。

樹是一年長一圈兒，一百圈就是一百年。

把每一圈中的碳14的含量測出來，製成圖表或曲線。這個曲線，就叫做樹輪校正曲線。

師虎簋與其拓片　西周青銅器，現收藏於上海博物館，銘曰「元年六月既望甲戌」

考古中遇到的骨頭或小米什麼的，那可是沒有年輪的。把測量結果和樹輪校正曲線一對比，就精確多了。

晉侯墓測年，雖然是測了一個年代，就是這一個墓的資料，正好使用樹輪校正曲線，轉換過去的年代在一個地方，轉換以後的誤差是縮小的。一般是擴大的，而這個地方是縮小的。因此，就可以比較準確地定位這個墓主人死亡的年代，結果確定的年代，正好是晉獻侯蘇的死亡年代，和《史記》上的年代接近，在誤差範圍內一致，轉換成年代，是西元前八〇八年，沒有差出一個王侯。

因此，「王三十三年」，只能是厲王三十三年。

善夫山鼎製作年代在厲王、宣王之間。

但是如果把這上面的日子倒推四年，和厲王三十三年的晉侯蘇鐘相合。

因此，厲王在位三十七年，沒問題。

可是，爲什麼有些青銅器又和它對不上了呢？

後來又提出另外一種假設，就是說厲王在位三十七年，後來被國人暴動趕到山西南部去了，他在位的三十七年，如果和共和元年重合的話，那麼很多青銅器就可以排進去了，這個問題大致可以解決，找到中華書局本的《史記》，在《史記·周本紀》裏的一段話，講到了共和元年，就是厲王跑的那一年。

西元前八四一年之後，正是共和二年。

把西元前八四一年往前推僅僅一個王，不過三十七年，就費了這麼多的周折。也就難怪中國人兩千年來也沒能往前走一步，哪怕是小小的一步。

我們已經知道，西周一共十二個王，周厲王是倒數第三個王。在他上面，再隔兩個王，就是周懿王。

根據文獻的記載，周懿王元年發生了一件非常奇怪的事。

《古本竹書紀年》上說，「懿王元

»»» 天·工·開·物 »»»

長屋建築遺址

新石器時代。一種多間式長形建築，有的多至幾十間住屋。此類遺址發現不多，對研究原始社會末期的婚姻形態、家庭結構有重要的意義。河南淅川下王崗遺址中的一排長屋居址是其典型代表，共三十二間住屋，每室單獨開門，互不相通。有人認爲是父系家長制家庭的住房。

木槳

新石器時代的一種划船工具。發現於江蘇、浙江部分遺址中，浙江餘姚河姆渡遺址出土的年代最早。在木柄和槳葉處刻有陰刻的紋飾。江蘇常州圩墩馬家濱文化和浙江吳興錢山漾、杭州水田畈良渚文化等遺址也有發現。

年，天再旦於鄭」。

這是什麼意思呢？

學者們認麼，這是說，周懿王登基那年，在今天陝西華縣或鳳翔一帶，在清晨天亮以後，天又黑了下來，後來，天第二次亮了。

這是不是一次在早晨的，發生在當地東邊地平線以下的日蝕呢？

湊巧的是夏商周斷代工程一九九六年啓動，一九九七年在中國最北面的漠河，就發生了一次日全蝕。

日全蝕發生了。

天空開始黑下來。再往西的某個地方，如果天剛剛亮，那裏的天空也還要再暗下來。日蝕結束，那個地方，天一定又開始發亮了。對那個地方來說，這就是「天再旦」。

根據計算，這次「天再旦」，將在一九九七年三月九日發生在新疆的塔城和阿勒泰兩個地區。

根據天文計算，阿勒泰地區是觀察天再旦最清晰的地方。

那兒的人感覺比塔城的人更強烈，或許更接近周代史官的印象。

阿勒泰地區往東偏北地區，地勢逐漸高起來，和陝西省鳳翔縣西勸讀村西周宮殿遺址特別相像，那麼也就是說，在這裏碰到的所謂的天再旦現象，如果在二千多年以前，就是西元前八九九年的話，在鳳翔那個宮殿產生，由於這個地平前面有個高度，十幾度的高度擋著太陽，再加上早春時期，如果有一定霧的話，會造成像這樣很強烈的一個天再旦的景象，人們彼此也看不到。在當時早晨觀察東邊天象的這個史官會有一些強烈的感覺。

天再旦歷史地圖是理論計算得到的，西元前一〇〇〇年到西元前八四〇年，這一段時間裏， 在中國的範圍裏發生的天再旦日蝕的範圍，就能夠看到某一次日蝕天再旦發生的範圍。當時最可能的地區，就只有這一次，西元前八九九年四月二十一日這一次，有可能發生在這兒。

天文學上得到的結論是西元前八九九年，金文曆譜是不是支持這個結論呢？

師虎簋就定爲懿王元年。從形制上，應該說是西周中期開始以後出現的。從銘文上看提到的幾個人物，比如井叔、益公、定伯，都是在西周中期，是共王、懿王時候出現的人物。根據這些情況，把師虎簋定爲懿王元年。因爲師虎簋本身寫的是「唯王元年」，應該把它定爲懿王元年。

按照天文推算，懿王元年應該是西元前八九九年，根據師虎簋的曆日材料和曆譜一對照完全符合。不管是月、月相、干支都符合。可以說師虎簋就是從銅器上來證明懿王元年是西元前八九九年。

然而，夏商周斷代工程的重中之重，莫過於找到商、周之交那場驚天動地的戰爭——武王伐紂的確切時間。

如果找到，夏商周三代很多問題將順次迎刃而解。

這是一個必須攻克的戰略要點，也是一個不能迴避的、硬碰硬的制高點。

»»» 歷·史·典·故 »»»

舜目重瞳

傳說舜的眼中有兩個瞳仁，上下生。這是對不凡之人不凡之相的傳言。後世關於「重瞳」也有傳說，有說項羽是重瞳的，有說南北朝沈約的左眼重瞳的，還有說南唐李後主重瞳的。

»»» 中·外·名·人 »»»

■湯

（生卒年不詳）商朝的建立者，原爲商族首領，任用伊尹執政，積聚力量，經十一次出征，成爲當時強國。後一舉滅夏，建立商朝。

■圖特摩斯三世

（Thutmose Ⅲ或Thothmes，生卒年不詳）古埃及第十八王朝法老（約前一五○四—前一四五○）。版圖擴張規模空前。他創立的強大帝國持續兩個世紀，本人被稱作「古埃及的拿破崙」。

<3> 中華文明的啓航：西元前二〇七〇年

到目前爲止，人們已經知道可能是夏代最早都邑的遺址，一個是河南登封的王城崗，一個是河南禹州的瓦店。這兩個都邑創建的年代在西元前二一二〇年至西元前二〇四〇年之間。

夏代最後的一個都城遺址，就在黃河邊上的洛河和伊河交匯處，二里頭村。它應該和商代最早的都城聯繫起來，以確定夏商之交的時間。於是，歷史又給我們來了一個「雙城記」。

鄭州商城和偃師商城，都是商代最早期的，具有都邑規模的城。

它們的始建年代是西元前一六一〇年至西元前一五六〇年。說得更明白，無法確切找到夏代滅亡，也就是商代建立是哪一年。

商代之後是周。

人人皆知的周武王帶領軍隊，一天之內，就打垮了商紂王的軍隊。然而歷史把武王伐商的年份深深地隱藏起來。

這一問題如果能得到解決，則下至西周，上至商、夏，很多歷史謎團都能順次解開。

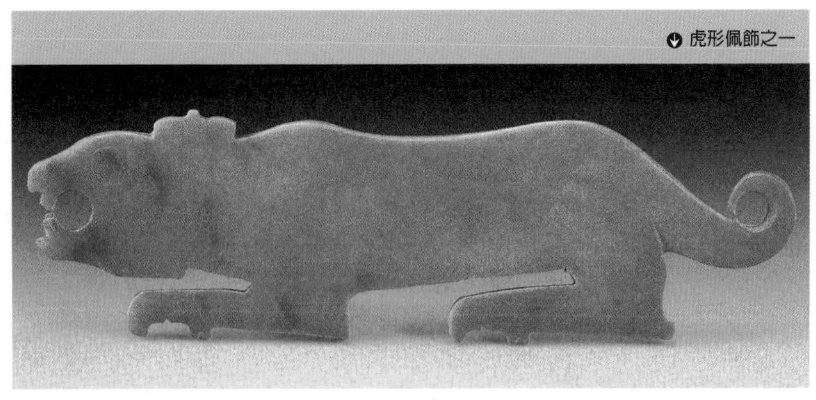
虎形佩飾之一

歷史不開口，神仙難下手。

前面介紹過，兩千年前的漢代，大學者劉歆已經在做這個工作了。

關於這一問題，近代以來，已經有四十四種說法。

每一個研究都引經據典，上下求索，上至天文曆法，下至文獻。其中，最早的認爲武王伐商是在西元前一一二七年，最晚的認爲是西元前一〇一八年，一早一晚，差了一百多年。

西周一朝，也就三百年左右，武王伐商就一百多年，學者們搖頭了。

安陽殷墟從考古上分四期，第四期碳14測年，在西元前一〇八〇至西元前一〇四〇年。武王伐紂的時間，不會早於第四期。

晉侯蘇鐘的故事已經顯示武王伐紂的時間不會晚於第一代晉侯。

還是回到那個成王封唐的傳說。

現在的問題是，成王還有沒有把別的什麼人封到什麼地方呢？

能不能找到這樣的侯的墓地呢？

在北京的邊上，一個叫琉璃河的地方，有了重大發現。

在這裏發掘了數萬片陶片，商時期的陶片一片也沒有，最早都是西周早期的。另外城裏邊各

琉璃河遺址 琉璃河遺址是中國三千多年前西周時期的重要遺址，它分布於北京房山區琉璃河鎮北1.5公里的大石河畔台地上。全部遺址分為古城址、居住址、墓葬區三大部分，東西長3.5公里，南北寬1.5公里，佔地共約五百萬平方米

「成周」甲骨

個遺跡單位，也都是西周早期的。

在一片巴掌大的甲骨上，有細如髮絲的兩個字「成周」。

「成周」是周成王時建的第二國都（洛陽），這說明該遺址的年代不會早過武王伐紂。

周公和召公輔佐成王，這是大家所熟悉的。

周公後來被封在魯（今山東省）。

召公被封到了燕，也就是今天琉璃河這一帶了。

墓裏出土的兩件青銅器，就記載了成王封召公到這裏的情況，還說，召公自己沒來，他的兒子來了。

碳14測年的結果，琉璃河最早不過西元前一〇四〇年至西元前一〇〇六年。

能不能找到一個地點，橫跨西周和西周之前兩個時代呢？

這似乎也是一個不大可能的事。

周是商的屬國。西周的王宮，建在現在陝西西安的灃河邊上。周人的祖先，住在更西邊，即現今的扶風、岐山一帶。

後來，武王的父親周文王，把都城遷到灃河的西岸來。

文王死後，武王又把都城遷到了灃河的東岸。一西一東，一文一武。

能不能在這裏找到包括武王伐商前後兩個時代的地層呢？

一九九七年，在這個地方找到一個垃圾坑，編號H18。

這是周文王住過的地方。

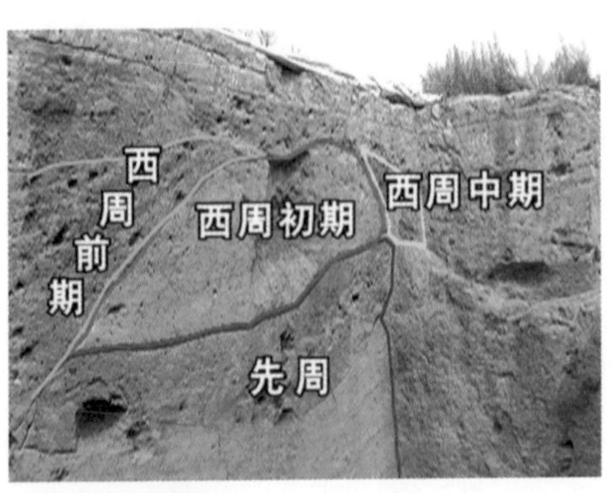

H18灰坑地層圖

武王得天下之後，回到了陝西。因此這一帶一直有周人往上面傾倒廢棄的東西。

如果我們今天能挖開北京的一個垃圾坑，有生活經驗的人一看，就會從器物上告訴你哪一層是二十世紀五〇年代的，哪是六〇年代的，哪是七、八〇乃至九〇年代的。

陶器的風格和青銅器一樣，也會隨著時代的變化而變化。西周建立之前，學術上叫先周。先周和西周的陶器，就有不同。

在地層剖面圖上可以看到，底部出土了先周時期的陶器，上部出土了西周時期的陶器。

對這些地層中的碳14測年資料進行綜合分析，再結合前面談到的殷墟、晉侯墓和琉璃河考古的結果，上、下一考據，終於得一個精采的結果：

武王伐商應該在西元前一〇二〇年到西元前一〇五〇年這三十年之間！

向地下挖了一米多以後，非常明顯地發現了有先周時期的陶片，出土了一批非常典型的先周晚期的陶器，以及有多樣化的碳測量樣品，其中包括木炭、碳化的小米以及動物的骨頭。這樣非常理想的測年結果既提供了一個很理想的考古學背景材

»»» 天·工·開·物 »»»

陶支子

又名豬嘴器。新石器時代河北武安磁山遺址、浙江餘姚河姆渡遺址及部分大溪文化遺址中均有發現。是墊在陶釜、陶罐等炊器底部的支撐物。形體較小，形制多樣，有圓柱形、方形、倒靴形等。使用時三個爲一組，使炊器底部形成一定的空間，以利燒火炊煮。

»»» 中·外·名·人 »»»

■**盤庚**

（生卒年不詳）商代國君，即位後，爲擺脫多次內亂帶來的困境和自然災害，遷都到殷（今河南安陽西北），使商復興，諸侯來朝。《書·盤庚》即是他遷殷前後的報告辭。

■**拉美西斯二世**

（Ramses Ⅱ或Ramesses Ⅱ，生卒年不詳）古埃及第十九王朝法老（約前一三〇四—前一二三七）。在位期間開發尼羅河三角洲，建神廟，爲埃及新王國的強盛期。其木乃伊今藏於開羅博物館。

料，也提供了很理想的測年樣品。

武王伐紂的時間，一下子從一百多年，縮小到三十年的範圍。

接下來，就該天文學家們出手了。

秦始皇燒書，把有名的《尚書》也燒了。到了西漢，有個老頭兒，說他能背誦《尚書》，於是《尚書》才又流傳開來。

有人推倒了孔子家的一面牆，卻驚奇地發現，這牆裏面居然藏有《尚書》。

這部《尚書》和當時流行的《尚書》不大一樣。其中，有一篇叫做《武成》的文章，人們從來沒見過。上面有武王伐紂的很多記錄。包括武王伐紂時月、日的干支和月亮的形狀。

上面說過，漢代的劉歆，推算過武王伐紂的時間。

他推算的依據，其中就有這篇《武成》！

可是，曾經有一位很有名的人說這篇文章是假的，根本不能信！

聖人說的話還能有錯嗎？於是這篇文章沒有引起人們的重視，後來就失傳了。

還能不能找到《武成》這篇文章呢？

在另一部古書《逸周書》裏面，收集了一部分遺佚的兵家著作。

其中有一篇叫做《世俘》的文章引起了人們的關注。

《世俘》這篇裏面的文字除了個別字可能有錯以外，和劉歆引的是基本一致的，而且開頭也有武成兩個字。它可能是《武成》的譯本，可是保存得不好。看這一篇裏面，那個仗是打得非常之慘烈的，（伐紂之後）武王打了很多國家，事情很多，而且裏頭的許多文字和內容的特點，都和甲骨文相似，和《周書》極爲相似，所以如果《世俘》是非常可信的，那麼《武成》還是比較可信的。《武成》最主要的就是有一個當時曆法的記載，根據這個曆法可以推算

羽人飾

虎形佩飾之二

武王那個時候的曆日。

《武成》和《尚書》中的其他一些文章，前後呼應，構成嚴密的周代初年的年代系統。

如果誰推出了一個武王克商的時間，則必須能合於這個系統。如果不能，那就很難被承認。

人們或許會想到， 能不能找到一個人，參加過那次改朝換代的大戰，留下眞實的文字記錄呢？

這又似乎是一個天方夜譚式的想法。一九七六年，陝西臨潼出土了一件青銅器，叫「利簋」。

從文字上看，勝利後第八天，武王賞給「利」這位軍官一些銅料，他就做了這個簋。

上面說打勝仗那天是「甲子」，和史書上的記載是一致的！

但是下面一句「歲鼎克聞

西周晚期(左)與西周早期（右）的陶器對比

《世俘》中關於武王進軍進程的記錄

夙有商」，到底是什麼意思呢？

西周一共是十二個王。

最早的王，當然就是開國之王——周武王。

最後一個王，就是大家熟知的周幽王。

周幽王烽火戲諸侯，和「狼來了」的故事，性質差不多。

幽王的大夫人有一個兒子，可是幽王想立另一個夫人的兒子將來做王。於是趕走了大夫人。

大夫人就回娘家訴苦，娘家人一聽就火了，立刻起兵，把幽王殺掉了。這麼一來，西周也就結束了。

後來大夫人的兒子做了王，把國都搬

歷·史·典·故

重華大孝

重華，姚姓，史稱虞舜，是傳說中父系氏族社會後期部落聯盟領袖。舜的母親死後，他父親又娶妻生子，父母都偏愛後生的這個孩子，甚至都想殺害舜。但舜對父母毫無怨恨之心，反而十分孝順父母，以至賢名遠播，堯帝竟把自己的兩個女兒娥皇、女英嫁給他，並讓位於他。孝子重華即位前後，翦除「四凶——鯀、共工、兜、三苗」，選用各部落人才，頗有治理天下的能力。

中·外·名·人

■武丁

（生卒年不詳）商代國君。後被稱爲高宗，在位五十九年。相傳少時生活在民間，任用傅說等爲相，力求鞏固統治。武丁統治時期，國力很強盛。曾北伐鬼方，西南伐荊楚，都取得勝利。

■阿蒙霍特普四世

（Amenhotep Ⅳ，生卒年不詳）古埃及第十八王朝法老（約西元前一三七九—前一三六二在位），爲加強中央集權，提出以崇拜太陽神阿吞取代阿蒙神的改革；改名埃赫那吞，意爲「阿吞的光輝」。

到河南（洛陽），這就是有名的「平王東遷」，也就是東周的開始。

從幽王死，上推到武王伐商，有二百五十七年。

幽王死於西元前七七〇年，加上二百五十七年，就是說，武王伐紂在西元前一〇二七年。

西元前一〇二七年正在這個三十年範圍之內！

西元前一〇二七這一年，沒有一條天文文獻相合的，包括曆法的文獻也不合。

《淮南子．兵略訓》上記錄說，武王伐商的時候，天上出現過一顆彗星。

人們馬上想到這是不是哈雷彗星。

哈雷彗星每七十六年回歸一次。

關於武王伐紂天象記錄中，確實有這一條，就是伐紂的時候，出現了一顆彗星。現在研究的結論，是不能依賴這顆彗星出現的記錄來定年。因爲我們無法斷定這顆彗星是什麼彗星，能夠斷定這顆彗星是哈雷彗星的概率只有百分之零點三。所以不能把推論的基礎放在一個概率這麼小的事件上。結論是，無法根據哈雷彗星的記錄來推算武王伐紂的年。

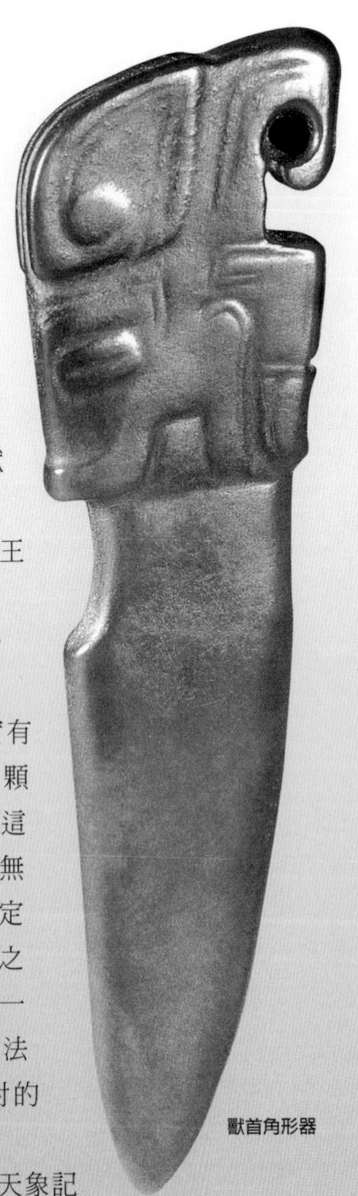
獸首角形器

讓人想不到的是，武王伐紂時的天象記

錄，竟然出自一個音樂官員。這個人的名字很怪，叫做伶州鳩。他距武王伐紂的時候，已經好幾百年了，我們能相信嗎？

武王伐紂，從灃水東岸出發，向東行軍。

從八百里秦川往東來，第一個關口就是潼關。潼關是進陝出陝的歷代兵家必爭之地，那時候這裏已經是武王的地盤了，因此順利通過，根本沒打什麼仗。

過了潼關，就是自古以來有名的崤函險道。

如果有人在此設下一支伏兵，待武王的兵馬一到，兩邊山上一聲號炮，旌旗豎起，滾木擂石，一齊打下，歷史恐怕就要重寫了。

可是，這裏的黎明靜悄悄。

原來，這一帶，早已是武王的勢力範圍。兩年前他就來過一趟，只是覺得時候不到，又撤回陝西了。

利簋　中國西周早期的青銅器。為武王時期有司（官名）利所作的祭器。一九七六年出土於陝西臨潼。是已發現的時代最早的西周青銅器，現藏於中國歷史博物館

利簋銘文拓片　腹內底部鑄有銘文四行三十二字，述及武王伐紂在甲子日晨，並逢歲（木）星當空，與《尚書武成》、《淮南子》等古代文獻所記相合，具有重要的史料價值

因此我們也可以理解，爲什麼武王敢於千里長途奔走，打擊紂王。

武王過黃河，也是一帆風順。

在黃河邊上，各路諸侯都來支援武王。

武王遇到的唯一阻力，恐怕就是兩個老人，一個叫伯夷，一個

崤函險道

叫叔齊。

相傳他們在這裏拉著武王的馬轡，大道理講了一遍又一遍，但武王對他們很客氣，不過軍隊還是往前開拔。兩個老頭只好回去了。

這個村現在還叫扣馬村。

因此，武王一路上進軍順利，他從出發到決戰，也就是一個月左右。這樣，就給天文學的計算畫出一個大致範圍。

江曉原說，「斷代工程組引進了國際天文學界最先進的天文學的資料庫和軟體。這些東西是國內的天文學史專家以前從來沒有使用過的，使用了這種最新型的資料庫和軟體之後，能夠推算從西元前三千年到西元後三千年這麼長的時間段的各種可以回推的天象，能夠達到很高的精度」。

首先，推導尋找範圍。從三十年放寬到一百年。然後利用伶州鳩的記錄算出，共有一百四十六個符合條件的日期。

然後，利用戰爭發生在甲子日，再進行篩選，就只剩下十八個符合條件的日期。

接著作天象的綜合檢驗，包括伶州鳩和利簋的記錄，把目標縮小到了七個。

最後，再用那篇失而復得的《武成》曆日檢驗，就只剩下兩個目標，一個是西元前一〇八〇年。

一個是西元前一〇四四年。

太妙了，只有後一個正好落在西元前一〇二〇年至西元前一〇五〇年這三十年之內！

遺憾的是，這個解答竟然和我們前面知道的金文曆譜，不合拍。

再回到陝西西安，也就是武王的老根據地。中國科學院陝西天文臺。

有世界上最先進的原子鐘，常說的「北京時間」就是從這裏發布的。

「歲在鶉火，月在天駟，日在析木之津，辰在斗柄、星在天黿」，這是伶州鳩所談武王伐紂天象，在一般人的眼裏，有如天書一般難懂。

「歲在鶉火」。

這個「歲」字，在哪裏見過。

利簋上有「歲鼎」兩個字。木星，在古代就是歲星。

所謂歲在鶉火，鶉火是指在柳、星、張，就是二十八宿柳星張這部分，所謂的南方朱鳥，是指四象的南方朱鳥，上面歲在鶉火，而且是子夜的時候，歲星正好在子午線上，也就是所有天文上說的中天，這就印證了利簋那個銘文上面歲鼎那兩個字。因爲古文字學家解釋歲鼎就是歲星正當中天，或者是正當鶉火，因爲這個文字很古，現在已經很難把它能夠解釋清楚了。

仔細研究《武成》，考慮各種月相說與克商年的對應關係。

以《武成》和伶州鳩的話爲依據，放

»»» 歷·史·典·故 »»»

「降落傘」與舜

堯賞識舜，賜給舜一套細麻布衣服，一把琴，一群牛羊，還派人給他築了一個糧倉。舜的父母、繼母及同父異母的弟弟非常妒忌，就設計暗害舜。有一天，舜的父親叫他修補糧倉頂。舜順著梯子爬上倉頂後，他弟弟就把梯子抽走了，還放起大火來。舜很聰明，他把戴著的大斗笠摘下來，拿在手中，像鳥張開翅膀一樣飛下了糧倉，脱離了危險。這是傳說中最早使用的降落傘。可見中國古人的智商之高。

»»» 天·工·開·物 »»»

陶畜舍模型

新石器時代。一九七八年山東濰坊獅子行龍山文化遺址出土，實物模型。長14、高11.5釐米。呈臥式圓倉形，正面有一長方形門，門有上下兩個插關；頂部豎有兩個煙囪形氣眼；後部開一氣孔。

黃河邊上的會盟碑 武王即位後第二年，發動大軍，由鎬京出發，到達孟津古渡，「觀兵」盟津（今孟津東北），進行渡河演習，相傳有八百諸侯前來會盟，結成同心滅商的聯合陣線。周武王也因此確定了盟主的地位，這就是「八百諸侯會盟碑」

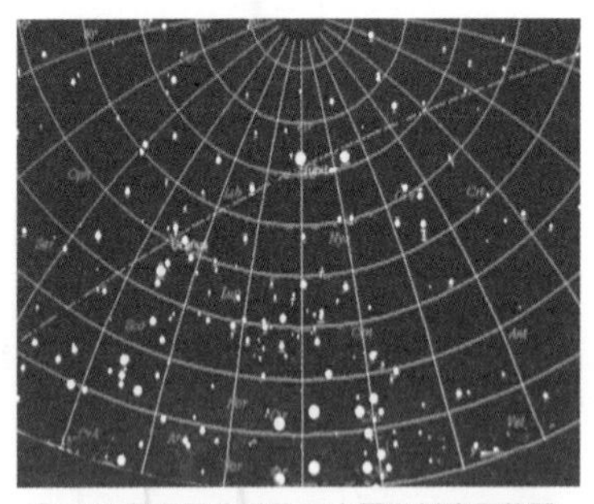
天文學界最先進的天文學資料庫和軟體

寬到一百年的範圍進行篩選，得到約一百五十組可能的日期。

再按這次「夏商周斷代工程」對於青銅器上月相的研究成果，進行篩選，得到十組密合的，還有十五組粗合的日期。

最後，再按「歲在鶉火」這一句進行篩選。

只有一個結果落到西元前一〇二〇年至西元前一〇五〇年之間，這就是：

西元前一〇四六年一月二十日。

最好的解答是一〇四六。它幾乎跟其他資料都是吻合的。

爲什麼會有一〇四四和一〇四六這樣兩種結果呢？

這上面「既生魄」等月相詞，幾千年也沒搞清楚。

「因爲不清楚月相是什麼，那麼最後的結果還是缺乏可信度的，根據金文曆譜研究的結果，結論是這樣的，『既生魄』是上半月，『既死魄』是下半月，『既生魄』的話，就是光亮部分了，就是月光開始產生，到月圓這一段叫『既生魄』，也就是現在說的初二、初三到十五、十六。

『既死魄』的話，就是從『既望』以後，到看不到月亮，這一段，從月亮升出黑暗部分，然後到全黑，這一段叫『既死魄』，『既望』就是望以後。」

根據文獻方面的考證，根據天文方面的分析，根據青銅器種種方面我們得到了這個月相詞的合理的解釋。把這個東西代進《武成》，就像數學上常說的，《武成》是一個公式，把已知條件代進去，就得到了若干組可能的結果，另外再把這個「歲在鶉火」，把這個星座再代進去，另外結合各方面史學的線索，比如說，在考古方面已經限定了武王伐紂的年代，比以前限定的要小得多等等，就得到了一○四六年這樣一個唯一的結論。

西元前一○四六年一月二十日天亮之前，總攻擊開始了。

這個時候，武王身邊的一位史官，猛回頭，望著南邊的天空，記錄下了當時的天象，它使得三千年後的學者們，能夠利用現代科學技術，推導並眞實地再現這一壯觀的、激動人心的場面。

下一個謎是，武王坐了幾年天下？

這場殘酷的戰爭結束了，第二年，武王也病了，病得不輕。

那麼，武王在位多少年呢？

這也一直是個解不開的歷史之謎。

其實，夏商周斷代工程通過金文曆譜的研究，已經把王年從周厲王推到了周武王的兒子周成王那裏。

成王元年是西元前一○四二年。

»»» 天·工·開·物 »»»

太極

中國傳統哲學範疇。該詞始見於《周易·繫辭上》：「是故易有太極，是生兩儀，兩儀生四象，四象生八卦。」後人對此有兩種解釋，一說認爲講的是筮法，太極爲四十九根蓍草未分之時；一說認爲講的是天地生成的過程，太極爲天地之始基。持後一說者爲多，但對太極的解釋各不相同。持唯物主義觀點的哲學家將太極解釋爲「氣」、「元氣」等，如王充、張載、王夫之；持唯心主義立場的哲學家將太極解釋爲「虛無」、「理」等，如王弼、朱熹。

»»» 中·外·名·人 »»»

■妲己

（生卒年不詳）有蘇氏美女，姓己，字妲。商紂王之寵妃。《史記·殷本紀》記載，殷紂王「好灑淫樂，嬖於婦人。愛妲己，妲己之言是從」。

■哈特謝普蘇特

（Hatshepsut，生卒年不詳）圖特摩斯三世的王后兼姑母。古埃及第一個女王，前一五○三—前一四八二年在位。她製造阿蒙神使其母懷孕而生下她的神話，以此證明王權合法性。

伶州鳩描繪的武王伐紂時的子夜天象圖

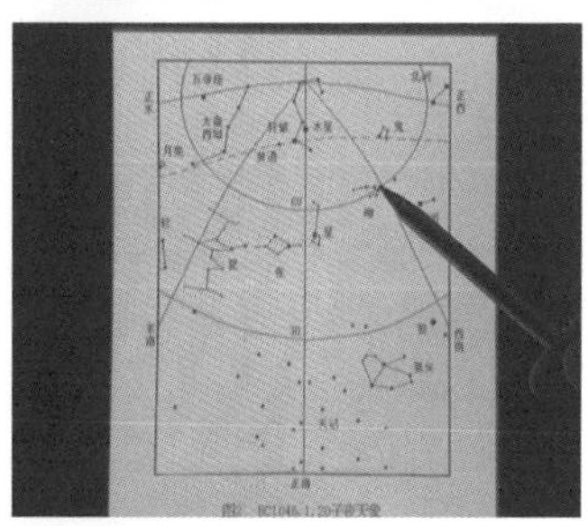
既生魄月相圖

用一〇四六減去一〇四二。也就是說，武王在位四年。

然而，關於武王在位年，有很多不同的記載，有說兩年的，有說三年的，一直到七、八年的說法都有。

但有沒有記錄武王，比如說，第五年或更以後的活動呢？

沒有。

我們要求明確的回答：有沒有關於武王在位四年的記錄呢？

答案是肯定的。

有趣的是，在日本保存了另一個版本的《史記·周本紀》。

日本學者瀧川資言說，日本高山寺裏有一本《周本紀》，上面說武王勝利後第二年，就病了，病了之後，「後二年而崩」！

至此可以斷定，武王在位四年。

改朝換代的武王伐商之年一旦確定，於是，很多斷代的工作立刻找到了一個非常確定的支點，大有勢如破竹，一著定乾坤的氣象。

商代多少年？有不同的說法。

但它們加上武王伐紂的年份，結果都在西元前一六〇〇年左右。

鄭州商城和偃師商城這兩個商代最早的城市，正好也在西元前一六〇〇年左右始建。

因此，商代的開始大致可取在西元前一六〇〇年。

夏代有四百七十一年。

1600＋471＝2071。

這樣，我們取西元前二〇七〇年爲夏代的開始。

登封王城崗和禹州瓦店遺址始建於西元前二一二〇年至西元前二〇四〇年間。

西元前二〇七〇年正好在這個範圍之內！

已經是西元二〇〇〇年夏天了，很多人都在焦急地等待最後的結果。

但是學者們對一些碳14測年的資料還有疑惑。

就是有那麼幾片甲骨，得到的年代偏早的非常多。

原來，黏接劑和甲骨混到一起，碳14相對就少了，於是，容易誤以爲是因爲年代久遠，很多碳14已經都衰變了。這就是爲什麼偏早的原因。

斷代工程經過大量研究，最終解決了甲骨測年偏早的問題。

文王和武王兩代人可以改換一個朝代，而兩百代人卻未必能找回那個失落的年表。

人們沒有見過別的古老的文明，在年表這樣的問題上竟有長達兩千年的執著和追求。

幾千年來，流傳到現在的文獻中有關夏商周年代的信息，都被一一審視過了。

所有我們能看到的出土的文物，只要是與年代有關的，都被一一考慮到了。

當代科學在考古上有很多手段，工程中能用上的手段，都用上了。

中國第一流的專家學者，都參與了這個工作。

不斷逼近科學的眞理，我們做了努力，應該說這是我們這一代學人無可推脫的責任。

終於在二十一世紀即將開始的時候，得到了一個比較明晰的比較合理的年表。

歷史的空白，更具體地說，中國歷史的空白被塡補了。

歷史並沒有被改寫，歷史更精確了。更爲重要的是，從此我們可以眞正自豪地向世界宣布：中華文明，確實有著上下五千年的歷史。讓我們再一次記住西元前二〇七〇年這一特別的年代。

串項飾

前4800年 ›››› 前2800年

第三章 三星堆

這是一個數千年前的國度，這是一段沒有文字記載的歷史，它曾經高度繁榮，然而卻突然消失，於是關於它的一切都成為秘密，讓人們忍不住去幻想、猜測……

<1> 喚醒沉睡的古國

精美絕倫的寶玉，價值無法估量，不知道它們來自什麼年代，只知道它們和金字塔一樣神秘，比瑪雅文明還要悠久，這樣的寶貝有一件，價值就足以連城，可是燕家卻一下子得到了四百件，這一切只源於四川省廣漢市農村的一條蓄水溝。

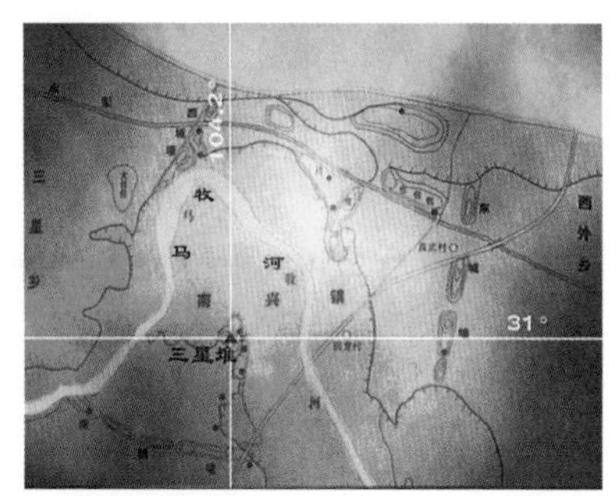

三星堆所在地地圖

一九二九年早春的一個下午，燕青寶兄弟三人在住房旁的林盤裏挖「龍窩」時，意外發現了一坑玉石器。燕家兄弟並不太了解這些東西的真正價值，但是這些玉器奇特的形態和來自遠古的神秘感還是深深震撼了他們，他們怎能想到，這一鋤頭挖出來的是一個有著三、四千年的文明遺址。

燕道誠從城裏回來，燕青寶向父親稟報了此事。第二天，燕道誠率領全家大小，把坑中的玉石器取出來，拿到房中清點，共有璧、璋、釧、珠、刀、斧及玉料共幾百件。坑底有一個用石板蓋著的小石槽，裏面裝著五個玉琮（今天陳列在故宮裏的就是其中之一），而這個石槽，至今還在燕家。

燕道誠知道這是一批古物，但家裏有吃有穿，也沒有想到拿去變賣。倒是一些朋友，到鄉下他家作客時，他會拿出來，讓大家鑒賞清玩。若有至交索要，他也饋贈幾件。據他的子孫們講，他們家從沒有賣過一件坑裏的東西。在那一兩年間，廣漢月亮灣挖出珍寶的消息不脛而走，古董商聞訊後蜂擁而至，這一切令廣漢玉器名聲大噪。

但是，爲燕道誠與衆多玉器商人所不知的是，就在離燕家不遠的地下，沉寂著爲數更多的千年寶藏。五十七年後，這些器物的一部分才重見天日，時間是一九八六年。

一九三一年春天，有人把從燕家得到的玉器，交給當地福音堂牧師董篤宜觀賞。這位英國康橋大學畢業的洋牧師敏銳地覺察到，那些玉器非比尋常，很有科學價值，應及時保存下來，避免遺失。但他覺得自己是個外國人，去搜集這些東西很不妥當。於是，就去找駐防本地的旅長陶凱。這位陶旅長，正是燕道誠的學生。幾天以後，陶凱帶了五件玉石器，交給牧師，並對他說燕老師不願出賣，只是借出來供研究用。董篤宜牧師拿著這五件玉石器，趕到成都，找到華西大學地質專家戴謙和教授請教。戴教授認為這是上古遺物，很有研究價值。

一九三三年秋，這批古玉石器，引起了在華大博物館工作的美籍教師葛維漢和林名均的注意。當時葛維漢正在華西大學博物館擔任館長，當他第一次見到那幾件玉石器時，就隱約地感覺到一個重大的機會即將來臨。葛維漢一直在中國任教，他對中國殷墟的發掘並不陌生。一九二八年，中央研究院歷史語言研究所在李濟先生的領導下，對殷墟展開了發掘工作。殷墟的年代，在西元前一三〇〇年至西元前一〇五〇年之間，考古者發現了一處王陵、一處宮殿群和商王妃婦好的陵墓。另外還有幾處貴族與平民的居室遺址，手工作坊、戰車和卜骨的埋葬地，成績不菲。

在廣漢玉器被發現的同時代裏，國外考古者們的業績也應該爲葛維漢所熟知。一九二九年，俄國考古學家阿爾特米·伊阿特希克霍夫斯基對俄國中世紀城市諾夫歌羅德展開發掘，發現了十多萬件古文物，其中包括七百份異乎尋常的樹皮文文稿。一九三一年，美國古典研究學院的考古隊在希臘雅典的中心地帶開始發掘，發

»»» 歷·史·典·故 »»»

啓母石

河南登封山北面有塊啓母石。傳說大禹治水時，爲了開山洩洪曾經幻化成熊，不巧被他的前來送飯的妻子塗山女看到，她不僅羞慚不已，往嵩山奔去，結果化成石頭。大禹追過來後，非常焦慮，因爲妻子已經身懷有孕，他大叫：「還我孩子！」石頭竟應聲裂開，產下他的兒子啓。這塊石頭就被人們稱爲啓母石。

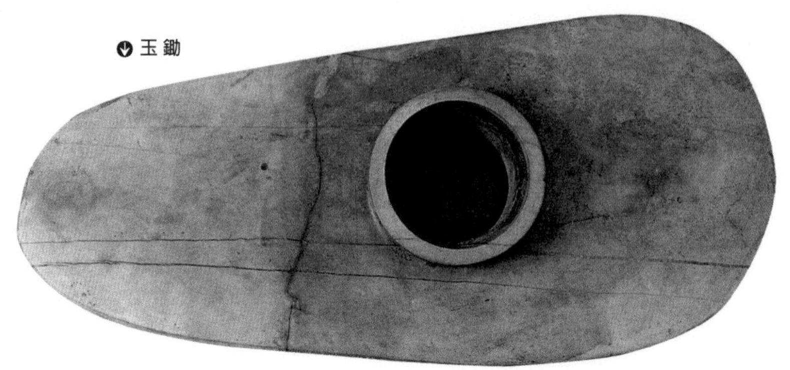
玉鋤

掘者在阿哥拉的中心發現了一座西元前五世紀的神廟。一九三二年，卡爾布列根，一支美國考古隊在特洛伊開始發掘工作。一九三三年，波蘭人瓦蘭提次瓦基科在波蘭中北部比斯庫平，發現了一處被水淹沒的鐵器時代早期的居民遺存。相信這一系列的考古成績都曾激發起葛維漢的激情。

當燕道誠得知華西大學博物館希望能收藏這些玉石器時，就把原來借出的幾件送給了陶凱，由陶凱轉贈給博物館。自己又拿出一個大石璧和一把玉刀，交給牧師，請牧師一併送給華西大學。

葛維漢致函董篤宜，希望能找到更多的器物。經過幾次的通信，葛維漢來到廣漢。就在第二年，也就是一九三四年三月十五日，葛維漢與華西大學博物館副館長林名均教授一行四人來到廣漢，受到了羅縣長、董篤宜和燕道誠老先生的熱情款待。爲保證他們的安全，還通過陶旅長派來八十名士兵作警衛。同時，縣政府也派人參加發掘工作。

考古隊第一次發掘是在離燕家院子西北面不遠的地裏。他們挖了一條長四十英尺，寬五英尺的小溝，先發現許多破碎的陶片及其他手工藝品。玉石器是在溝底發現的，有近百件石璧殘塊、石刀、玉刀、十五件綠松石、綠石和玉珠，以及八十餘件薄的方形或長方形的小玉片等等。此後，又挖了三個坑，也發現了不少的玉石器和陶片。這次總共發掘出有價值的文物六百餘件。

這次發掘工作揭開了中國川西平原考古的序幕。葛維漢彷彿拾到了一把開啓神秘之門的鑰匙，但是由於運氣、經驗與條件的限制，他們最終沒有能找到這一扇門。葛維漢、林名均在月亮灣也許無數次地踩踏過六百米以外的一個地方，那個地點埋藏著大量神秘的器物，但是眞正的大門被開啓，卻要等到五十二年以後了。在這扇門的背後是一座巨大的遠古城市，就這樣繼續沉寂在地下。那曾經是一座人口以萬計的大城，就在大約三千年前的時候，這座城郭神秘地消失了，至於其消失的原因，沒有記載，也沒有人能夠猜測。

葛維漢在一九三五年離開華西大學博物館（今四川大學博物館）回到美國，在他之後的第五任館長，是四川大學考古系的霍巍博士，這時候已經是二〇〇三年。

霍巍教授：葛維漢本人當時做了很多筆記，這些筆記已經在他離任的時候帶回美國。據我了解，現在在一個小城市裏，還收藏著他帶回去的文字性資料。包括他的一些考察筆記，還有一些手稿，據說還有相當數量的照片。

在葛維漢先生廣漢考古以後的二十九

»»» 天·工·開·物 »»»

河圖洛書

傳說中天賜的圖像。有關記載最早見於《尚書·顧命》。《周易》云：「河出圖，洛出書，聖人則之」，但對河圖與洛書的內容已不能詳考。漢代傳說伏羲時有龍馬出於黃河，背負河圖，伏羲據以畫八卦；夏禹時有神龜出於洛水，背負洛書，夏禹據以作洪範九疇。宋初道士陳摶提出一龍圖即河圖。其後，劉牧又據以發展爲河圖和洛書兩種圖式。後宋儒認爲劉牧將河圖與洛書顚倒，故朱熹《周易本義》中將劉牧圖名稱互易，圖式不變。近人有以河圖與洛書爲古代地理書者。

»»» 中·外·名·人 »»»

■紂

（生卒年不詳）商代最後的國君。曾征服東夷，耗費大量人力物力。後沉迷酒色，統治暴虐。周武王會西南各族向商進攻，牧野之戰，紂因「前徒倒戈」，兵敗自焚。

■圖坦卡門

（Tutenkhamon，生卒年不詳）古埃及第十八王朝法老（約前一三六一—前一三五二）。埃赫那吞的女婿。他終止埃赫那吞的宗教改革，恢復阿蒙神廟。一九二二年其完整陵墓被發現。

← 玉瑗

← 玉璧

年間，三星堆一帶的田野非常寂靜。儘管廣漢的玉器依然神出鬼沒，卻再沒有來過考古專家，直到一九五三年。那一年，西南博物院院長馮漢驥先生，與四川省文物管理委員會王家佑等人來到廣漢，他們重新提出三星堆一帶有古文化遺產的可能。三年後，四川省博物館的王家佑、江燕巢在三星堆月亮灣進行考古調查。

王家佑在燕道誠家裏住了許多天，跟燕家的人關係相處得很融洽。在王家佑的一再鼓勵下，燕道誠一家終於將家藏的玉章、玉琮、玉串、石璧等文物貢獻出來。今天，它們分別被四川大學博物館、四川省博物館和三星堆博物館珍藏。這些在泥土中沉寂千年、記錄著我們祖先生活的器物終於能夠被我們所看到。燕氏第四代人，依然居住在從前的老院子裏，日出而作日落而息，與其他農人所不同的是，燕家的人要經常面對有著各種來意的訪客，次數多了也就見怪不怪了。

圓型掛飾

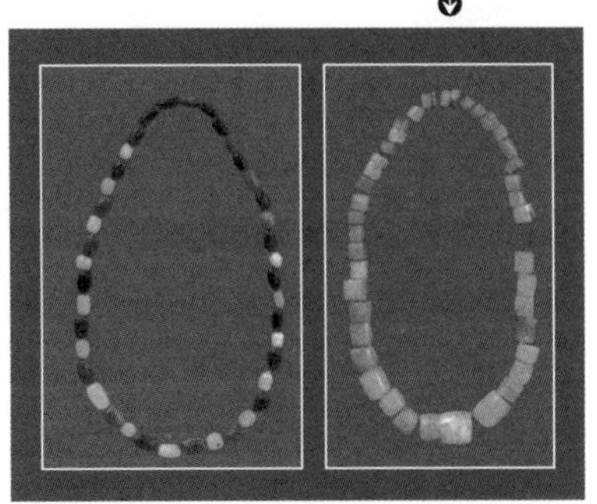

玉戈

一九六〇年，四川大學歷史系考古研究組又對三星堆和月亮灣等地的文化遺存做了全面調查。三年後，四川省博物

銅鳥玩具

扇貝型掛飾

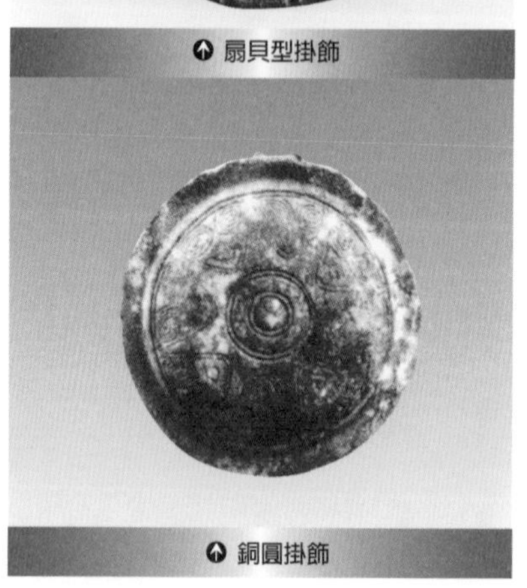
銅圓掛飾

館館長、四川大學馮漢驥教授，率領一批四川大學考古專業師生和四川省博物館工作人員，來到了月亮灣。

馮漢驥先生在三星堆的土層遺址上反覆徘徊、細細觀察，一個巨大的城市輪廓似乎在他眼前隱隱再現。他突然靈光一現，大膽猜想，這一帶會不會是古代蜀國的一處中心都驛呢？馮漢驥博士的想法在二十三年後得到了證實。

在四川西部的廣漢，馬牧河的南岸平疇之上，原來有三個起伏相連的黃土堆，宛若三顆星辰，古名就叫「三星堆」。三星堆位於東經104.2度，北緯31度的地方，是由三十多個地點組成的長方型遺址群。有關三星堆名字的由來，應該是當地人世代口傳的結果，三星堆的「堆」在四川人的口語中有人工累積的意思，可見當地人就是把三星堆理解爲人工累積的三座土台。

在中國古代書籍中，有許多人工累積高台的記載，在

《山海經》裏就經常提到丘、山、台、壇、墩等。在世界的其他地方，也有關於土建高台的記錄。美國的中西部和東南部，就坐落著許多不同形態的土墩，其中時間久遠的一些圓錐形土墩，大約是在西元前一千年至西元前五百年建造的。

凌純聲先生在《美國東南與中國華東的丘墩文化》一文中提出，丘墩文化在西元前三十世紀左右，在中國的華東已經存在。這一文化往南，向淮河長江流域傳播，同時傳入太平洋中的島嶼，穿過太平洋到達中南美洲，直到伍德蘭時代才被發現。霍普維爾土墩群和阿德納土墩群一樣，在十九世紀中被認爲是一種覆蓋著地域文化的祭祀建築。在美國聖路易市東部的卡霍基亞大建築群中，有一座四層台子的平頂土墩，高達三十三米，有關誰是這些土墩的建造者，屬於十九世紀最大的思想論爭之列。一八九四年，居伍士·托馬斯對這個問題做了最終結論，即這些土墩是現代印第安人的祖先建造的。

美國哈佛大學的張光直教授曾提出瑪雅文化與中國文化連續體的假設。他認爲，這個連續體的範圍，包括舊大陸和新大陸，其時間至少早到舊石器時代晚期。他指出，我們舊石器時代的祖先所創造的文化，尤其是美術、思想和意識形態的發展程度，遠遠比我們現在從極有限的考古資料中所看到的要高很多。從這個觀點可以推想，在兩三萬年前到一萬多年以前，人類通過麥哲倫海峽到新大陸，在這個源源不斷的過程中，他們具有的文化裝備是相當複雜的。

在這種程度很高的文化基礎上的人們，後來就在不同的地方、不同的時間，產生了相似的文明社會。三星堆是否就是這個橫貫東西方的文化連續體的一部分呢？

今天的三星堆已經失去了原來的面貌，僅存的這一處土丘，仍然頑強地證明著自己的位置。

地方誌和其他古籍文獻沒有記載壘建這三座高台的原始含義，也沒有人知道，那裏面封存著多麼巨大的歷史信息。

從一九七〇年開始，有人在三星堆和月亮灣一帶古遺址上搭建起磚瓦工廠，致使大片的古文化遺址遭受破壞。那時正在廣漢文化館當文化幹部的敖天照見此情形非常生氣。

敖天照（三星堆博物館館員）：我希望他們盡快來發掘，可是都到了一九七六年、一九七七年過去了都還沒動靜，我就著急了，我當時想如果你們再不來挖，三星堆那個土堆就被磚廠挖完了，就可惜了，那麼多的古陶片。所以我當時想，省考古隊，就是像救火隊一樣，硬是要到火燒房子了才能來，眞是很著急，又一想可能四川太大，他們人手少。

敖天照先生一直在爲古代遺存四處奔走，他的努力終於有了影響。當時在省考古所任副隊長的趙殿增（現任四川大學考古系教授）與四位同事，駕駛著一輛破舊的吉普車，一路顛簸，來到了成都北邊的小縣城，廣漢城西十一公里處的三星村。

趙殿增（四川省考古研究所研究員）：當時還是沒有現在的大路，比較多的是土路，我們走到三星堆村子的時候，就問路。人家問你們找什麼，我說我們找那個出瓦片、陶片的地方，那人說我們這兒挖到很多。原來這裏正好是三星村的村子，那兒挨著一個比較大的磚廠，他說我們這兒挖到很多，我說我們看一看，他們把從土裏取出來的瓦片、陶片，堆得有一米高，一、兩米寬，全部是他們不要的，不做磚的，但恰恰是我們需要的，從中選的基本上比較完整的器物，就有一大堆，當時我們非常興奮。

一九八〇年五月，四川省文物考古研究所、四川省博物館、四川大學歷史系，終於對三星堆遺址開始了面積爲一千二百平方米的搶救性發掘。考古者發現了龍山時代至夏商時期的房屋基址十八座、墓葬四座，出土了數百件陶器、石器、玉器，數萬片的文物標本。使三星堆再度引起考古界人士的關注。但三星堆遺址眞正名揚四海，則緣於一九八六年當地磚廠取土時的偶然發現。

一九八六年，四川省考古所在三星堆進行了最大規模的發掘工作。領隊陳德安，副領隊陳顯丹。

這一年是中國的虎年，按照傳統的說法，會有許多人成爲命運的幸運兒。參加這次發掘的人數衆多，考古專業人員有幾十名，加上協助發掘的工人共有二百多人，發掘現場規模也不小。

當時四川大學的林向教授與霍威、李永憲，及二十名考古專業的學生一同參與發掘。

林向（四川大學歷史文化學院考古系教授）：我眞正的介入，最大規模介入是一九八六年，那次去那個地方，我是帶著學生去實習。我記得去的時候是三月份，還下大雪呢，把積雪掃開了以後，再來畫線、布方，一直挖到了五、六月份，在這個過程當中，發掘了一千三百四十平方米的面積，這可以說是我們四川地區，也可以說是西南地區第一次這麼大規模的發掘。這次發掘很重要，總共發掘了2.5米深的文化層堆積，可以劃爲十三層，也就是說從現在一直可以延續到新石器時代。這就成了成都平原的一個標尺，等於一本書

»»» 歷·史·典·故 »»»

網開一面

夏朝末年，成湯做商的國王時，商國已很強大。成湯很善於籠絡百姓。一次，成湯在城外看見一個捕鳥人站在大樹下張開四面網捕鳥，認爲很殘忍，建議捕鳥人撤去三面網，只用一面網捕鳥，並解釋說，應該讓鳥自由地飛，只有不想活的鳥兒，才可以捕之。這些話傳到百姓中，使百姓大受感動，認爲成湯是仁愛有加的賢主。這是成語「網開三面」的來歷，後演變爲「網開一面」，意爲要給人以出路。

»»» 中·外·名·人 »»»

■**西伯昌**

（生卒年不詳）姓姬，名昌。西伯死後謚爲文王。遵從先人之法，繼承祖先的業績，禮賢下士，日益強盛。殷紂王恐其不利於己，將其囚於姜里。曾演《周易》。

■**摩 西**

（希伯來文mosheh，最享盛名時期約前十三世紀）聖經中猶太人的古代領袖，帶領猶太人遷回迦南，在西奈山發布「摩西十誡」。前一二三七年去世。

倒過來，第一頁在底下，最後一頁在上面。幾千年歷史，在這個地層裏面就看出來了。

考古現場，考古工作者小心地揭示著表土下面的蛛絲馬跡，而磚窯廠的工人們，卻在加大力度拼命挖土，兩邊的人彷彿在進行一場速度與意志的較量，考古工作者們眼見著無知的人們破壞性的挖土方式，無不心急如焚。

霍巍：當時這個磚廠規模很大，每天大概要燒很多磚，這個具體數量我也不知道，反正老百姓在那裏取土非常快。當時對三星堆遺址還沒有像今天這樣非常嚴格地規劃，所以老百姓取土，也沒有得到有效的制止。

陳顯丹：我們考古發掘是從上往下挖，剛好他們磚廠的工人，為了取土方便，為了一天能多挖兩方土，是從下邊往上挖。比如說這是一個陡坎，他們在陡坎的下面掏空，然後再在上面用鋼釺之類的打下去，這樣就很快。但是我們呢，必須要從上面一點一點做下去，這樣我們就好像被他們趕著在跑。

當時，一個埋藏著眾多罕見器物的地點，和霍巍所率領的小組正漸漸縮短著距離，但是他們自己並不知道，兩個商代大型祭祀坑、上千件國寶重器就在他們眼前的土地下沉睡。

霍巍：一區是李永憲，二區就是我，三區是陳德安和陳顯丹，林向教授是全面負責。當時我在二區這個位置，距離後來出土一號坑、二號坑的這個出土地點特別近。

一個巨大的秘密，已經是觸手可及了。那個埋有寶藏的隱形座標，與霍巍小組的探方僅相距十幾米。在潮濕悶熱的地帶，已經苦熬了三十天的考古者，距離一件巨大的發現，僅差幾步之遙。可是就在當天傍晚，彷彿是鬼使神差，第二區的考古工作者們，宣布發掘工作暫告結束。

林向：這個地方，離我們後來發現坑的地方，大概就一、二十米，這是北邊，我們在南邊。我們第二區的方案離現在發現坑這個位置，北方的位置，大概也就是四、五十米。那時因爲時間不夠了，我們有一個季度，學生的實習有一定的時間，當時我們就撤退了，但是我們撤退的時候，留了三個學生幫助他們繼續後續的工作。

百餘人參加的考古隊伍，在三個多月內，發掘了5×5米的探方五十三個，總面積達一千三百二十五平方米，出土的各種器物也十分豐富，但卻沒有突破性的發現。「有意栽花花不發，無心插柳柳成蔭」。正在考古隊的收穫處於平淡無奇的境地時，意外的事卻發生了。

一九八六年七月十八日，這天下午，磚廠工人的工作，突然改變了考古發掘的全部節奏。

陳顯丹（四川省文物考古研究所研究員）：當時我們在整理發掘材料和資料，有一天下午，一個民工就來告訴我們，說挖到了幾件玉器，被他們挖土的民工搶走了。

七月十八日上午，磚瓦廠挖方組的組長楊遠洪及劉光才、袁招貴、彭均禮等幾人，在取土時發現了象牙和玉璋等物。楊遠洪馬上向廠部作了報告。下午，考古隊聞訊趕來，封閉了這個埋藏點，並報告了省文管會和廣漢縣委。

中午收工時，考古隊的人還沒有來到現場，挖方的彭均禮就利用這個短暫的「眞空」時刻，趁人不注意，偷偷挖走了一顆象牙。當考古隊忙著開展發掘工作時，彭均禮則悄悄地設法兜售自己非法取得的那顆象牙，喊價幾十萬。結果，消息被公安局截獲。公安人員化裝成古董商，約他去某地交「貨」。彭均禮信以爲眞，帶著象牙去取錢，被公安人員扣押，關了一年多。

出獄後，又因車禍死亡。這雖是一個小插曲，但人們應該引以爲戒。

霍巍：從報信的信息得知，出土的東西比較多，有多少呢，據老百姓講，挖出來有一撮箕那麼多（四川盛土的工具，叫撮箕）。聽到這個消息，我們覺得數量很大，很快就趕到現場。工作站距離第一次發現的一號祭祀坑很近，大概幾分鐘就過去了，過去以後，得知東西確實被老百姓拿走了。我就觀察這個坑，當時還不知道是器物坑還是什麼坑，壁上有一個足球那麼大的孔，當時老百姓就是從這個孔裏面把東西掏出來了。數量就是老百姓說的那麼多，而且好幾個人目證說，撮箕裏面差不多裝滿了，但是當時東西都被拿走了。當時我感覺，情況比較複雜，能不能把這些東西要回來？我們就向老百姓進行宣傳，當時取土的老鄉人數還是比較多，站了一大片人，我們在台上就跟老百姓講這些東西都是國家的文物，大家都知道，如果在下午五點以前，大家把拿走的東西，一件不落都交回來，那麼這個事情我們就不說了。如果五點以後，東西還在你們手上的話，就算是盜竊國家文物。這個話一說出以後，老百姓從四面八方，拿著拿走的東西，絡繹不絕地就來還了，果然到最後，就那麼一撮箕。到下午五點以前，被拿走的東西差不多都回來了。這就說明當時三星堆的老百姓，覺悟還是比較高。

霍巍：聽我們這麼講了以後，基本上都能夠把東西主動地還回來，當時有一件玉璋，大概挖出來的時候，就切掉了一個角，這個角和那個玉璋本體分開了，玉璋是回來了，但是那個角很難回來了。結果在下午五點以前，最後這個被拿走的小角，也給送回來了，我們把它拼到那個玉璋上面。

一九二九年三星堆在一次偶然中爲世人所識，但以後六十年的不間斷發掘中，三星堆一直沒有眞正打開過它的寶藏。如今，寶藏的門終於顯現出來，但門的背後是什麼呢？考古工作者們既興奮又緊張。

陳顯丹：我們挖出來之後發現，把平面剮出來，形狀顯現出來了，我們當時判斷是一個大墓。

像安陽殷墟武官村大墓一樣，因爲它有幾個道，除了一個主要的坑之外，中間有一條道，兩邊也有一個道，就是坑道。當時我們就估計，可能是一個古蜀王陵的陵墓。我們還是很興奮的，挖了這麼久，從一九二〇年代晚期發現三星堆遺址以來，也沒有挖出過這樣重大的一個陵墓。

霍巍：這個發現具有一定的偶然性，老百姓取土把它挖出來，這個事情本身說明我們這個台地，對遺址情況的一些原先的估計，應該說基本上還是準確的。比方說它的墓葬，它的王陵，它的一些東西，還應該在台地上面。這個器物坑的出土，可以說是一個暗示吧。

七月下旬的一天深夜，陳顯丹先生和幾個助手正在現場值班。他們的發掘工作並未停止，而圍觀的人們已經堅持不住，回家睡覺去了，現場顯得非常安靜，許多種昆蟲在這時彷彿沉寂了。在現場，有一個細節引起陳顯丹的警覺，當時他的手碰到了一件東西。

陳顯丹：我在值班的那天晚上，我們就打開了寶庫的大門，在二點三十分的時候，我們就先挑出了一點點發光的東西，因爲在燈光底下，發光的東西上面有一個花紋，這個花紋就是一條魚。

當時我一看是黃金的，我以爲就是一條黃金刻的金魚。接著我就用竹籤慢慢往下挑，越挑越長，後來就挑得彎彎曲曲地出來了，有一米多長。後來我把一起主持工地的陳德安，還有幾個學生叫起來。我們商量了一下，就決定保留現場，不再進行發掘。爲了安全，我們兵分三路堅守現場，然後陳德安立刻返回成都，把這個信息、這個重要發現立刻通知單位。

考古工作者從坑裏又清理出衆多器物，奇怪的是這些器物，或被損壞，或被火燒毀，並有許多牛，水牛，羊，山羊，蚌殼，以及人骨渣。也許這些跡象和當時人們的宗教祭祀禮儀是有關係的。當人們看到一號坑出土了如此衆多的器物時，空氣彷彿都凝固了。

一九八六年八月十四日傍晚，一件令所有的人始料不及的事又發生了。磚廠工人在距離一號坑三十米的地方挖土時，又一個埋藏著寶藏的地點暴露出來。考古者迅即趕到，這一年，在廣漢的天空下，三星堆的兩個神秘之門悄然洞開。經過七天的準備工作，考古隊於八月二十七日下午，對二號坑開始發掘。

第二天，也就是一九八六年八月二十八日，與三星堆同緯度的埃及開羅，一場舉世矚目的勘探活動宣布開始。這次勘探的目的，是爲了發現胡夫金字塔眞正的通道。法國建築設計師多爾米庸和古瓦丹提出了一個令人吃驚的設想，那就是胡夫金字塔入口的門洞上，爲什麼要用四塊巨型門楣，組合成尖錐狀頂，然後再用兩塊巨石保護起來呢？

⬆ 鳳頭鳳尾鳥形器

這個大結構，實際上掩蓋了另一個入口。那個入口，在法老死後，便被封死。法國小組採用重力測定技術進行研究，首次了解了古埃及人的建築秘密。

當法國的考古小組，在胡夫金字塔裏，忍受悶熱的時候，在相同時間，相同緯度的另一端，中國的考古工作者，正在揭示著古人封存的秘密。他們憑藉嫻熟的手工技術，一層一層地剝開堅硬的表土。

五十二年前，第一次接觸三星堆考古的人，也許曾經腳踏過這裏，那時的葛維漢、林名均，在燕家院子藏有玉石器的坑旁發掘出一些玉石器和陶器殘片，這些器物對研究西南的古代歷史，具有深遠的意義。

當葛維漢、林名均爲這些器物所迷惑的時候，林名均想起了一個人，他就是旅居日本的郭沫若。

那時郭沫若在日本千葉縣完成了《甲骨文字研究》一書，這是他爲了探討古代社會而進行古文字研究的第一部著作，通過對甲骨文的考試，闡述了殷代社會結構和意識形態。郭沫若接到林名均先生寄去的照片和說明後，回了一封信。

郭沫若認爲葛維漢、林名均在廣漢發現的玉璧、玉璋、玉龜等器物，均與華北華中地區出土的相似。這是古代西蜀曾與華中華北有文化接觸的證明，他又說，「蜀」這一名稱，曾經發現於商代的甲骨文，當周人克商時蜀人曾經前往相助過。相對中原華夏族而言，蜀族居住在西南邊

»»» 天·工·開·物 »»»

五行

中國古代哲學、醫學概念。指金、木、水、火、土五種物質。古代思想家把這五種物質作爲構成萬物的元素，以此說明客觀物質世界的起源和多樣性的統一。《尚書·洪範》說：「五行：一曰水，二曰火，三曰木，四曰金，五曰土。」戰國時五行說很流行，墨家學派提出交勝、相麗說，認爲「五行毋常勝」，水、火、金、木、土之彼此相勝是相對的；相互依存、相互附麗是絕對的。在中國哲學史上「五行」還另指仁、義、禮、智、信。

陲地帶，早在夏商時期，蜀和中原王朝就有交往。甲骨文記載，商王朝爭戰時，曾向蜀國抽調過三百名弓箭手，商武丁時期，商王曾徵調軍隊討伐蜀國。甲骨文中出現過有關蜀的記錄。蜀的歷史，外交、大多淹沒在華夏族的歷史記憶中，僅在後代的傳說記載中略存片言隻語。在華夏族的眼中，蜀只不過是邦外之長，到了魏晉時期，東晉歷史學家常璩的《華陽國志》中，才有關於蜀的片斷歷史和傳說記載。有關甲骨文中蜀的疆域範圍，學術界存在著不同的看法。

郭沫若先生認爲，蜀乃陰北之敵，胡厚萱先生認爲，安南（今越南）至文山（今雲南文山），都是蜀的疆土。董作賓先生認爲，現在的陝西或四川的地域，是當時蜀的範圍。先秦的蜀國，並不是一脈相承的單一王朝，在秦滅蜀之前，蜀分別由蠶叢、柏灌、魚鳧、杜宇、開明等諸族系的首領統治。到了開明九世，開始建造都城成都。

在近成都市北門外四馬橋以北一公里處，曾經有一座高十米，直徑一百四十米的土丘，那便是羊子山土台遺跡。羊子山土台，大約始建於商末周初，開明九世之所以在成都建都，可能與這座土台有關係。羊子山土台，夯土總量估計在七萬立方米以上，土磚用量總數，在一百三十七萬塊以上，建造如此龐大的高台，其意義是什麼呢？我們也許可以從其他方面發現一些蛛絲馬跡。羊子山土台的方向，使人們把它和三星堆聯繫到了一起。

三星堆的建造年代比羊子山土台更早，其方向被後人測定爲北偏西約45度。讓人注意的是，羊子山土台的方向，也是北偏西45度，而考古者在一九八六年發掘的兩個器物坑的方向，同樣也是北偏西45度，這種方向的一致性，如果不是巧合的話，這其中到底隱藏著什麼樣玄妙的信息呢？

一九八六年，考古者對三星堆古代遺層的揭露，使衆多器物重見天日。由於這些器物的大部分帶有令人費解的造型含義，古代典籍又缺乏詳實的記錄，以至於它們突然出現在人們面前時，令今古對話的今天一方瞠目結舌。當發掘現場的驚嘆聲漸漸塵埃落定後，人們開始試圖從不同的角度構建起今古對話的通道。而這個過程，可能非常艱難，也可能相當漫長。

<2> 古蜀人來自何方

很久以前，蜀民的祖先蠶叢氏，將其部落從岷山遷到了川西平原，在三星堆建立都邑。三星堆氣候溫和，物產豐富，青淩淩的鴨子河繞城流過，草灘上，一叢叢星宿花醒目耀眼格外美麗。

河邊上住著一個純樸漂亮的姑娘，姑娘最愛星宿花，大家就叫她星宿妹。星宿妹每天都要對著清澈的鴨子河水梳洗她烏雲般美麗的長髮，然後向著藍天碧水唱起了山歌。月亮灣那邊住著一個勇敢英俊的小夥子月亮哥，他被星宿妹的歌聲迷住了，他經常偷偷地躲在蘆葦叢中聽歌，常常聽得如癡如醉忘了幹活。

一天，星宿妹的一隻小羊走失了，星宿妹找到羊時，太陽已即將落山。猛然間羊群驚恐地退回來，兩隻惡狼攔住了去路。焦急的星宿妹大聲唱起了山歌呼救，月亮哥聽到歌聲，飛奔而來，揮舞一把月牙形的寶劍趕走了惡狼。從此，月亮哥和星宿妹深深地相愛了，他倆商量好，到秋天月亮哥就迎娶星宿妹過門。

此時，意外發生了，侯爺選妃選中了星宿妹，派出武士搶走了星宿妹。他們挾持著姑娘走到鴨子河邊時，月亮哥趕來了，武士向月亮哥放箭，一頭小鹿為他擋住了箭。月亮哥憤怒地與兩名武士搏

一九八六年八月考古發掘現場照片

鬥，結果負了重傷，身上的血染紅了大片江水，人也失去力氣，跌入江中隨波逐浪向下游漂去。星宿妹趁武士們一片慌亂之際，縱身躍進水中向下游去，可是滔滔江水中哪有月亮哥的蹤影。星宿妹痛不欲生，淚如泉湧，猛然間她看見武士們又追了過來，她悲憤已極，一頭衝進深水中就再也沒有起來。

一群錦鯉將星宿妹托起放在了河灘上，兩條大錦鯉累死了。鄉親們在河邊的星宿花叢中，埋葬了星宿妹，在她的左邊埋著小鹿，右邊埋著錦鯉。沒多久，星宿妹的墳就越長越高，越來越大，最後三座墳隆起成了三座大土堆，與月亮灣的弧形臺地遙遙相望。月亮灣上亦生長出一株特別高大的馬桑樹，高高地俯視著對岸，與三星堆遙相呼應。清風明月之夜，馬桑樹樹影婆娑，樹葉沙沙作響，像是月亮哥與星宿妹在絮絮叨叨說著知心話，這絮語飄在河上神秘而又清純，渾若天籟。間或，人們還能看到三星堆上，有明亮的光環升起，向著對岸閃光。

老人們說，這是月亮哥和星宿妹生死相依的愛情精誠凝聚而成。

這就是當地「三星伴月」的傳說，在瓦藍的夜空下，星星眨著神秘的眼睛，三星堆、月亮灣和馬桑樹復活了，閃現著遠古的神韻。即使沒有這樣動人的傳說，三星堆的魅力依然不減，因爲它的文明是那樣獨特又輝煌，而它的消失更是突然而神秘。

在三星堆這個地方，三千二百年以前，因爲一個事件的發生致使幾千件亡國的寶器，歷經損毀，埋於地下。由於沒有任何文字記載，那場儀式的原因和經過從此煙消雲散。埋藏寶器的人們沒有興趣爲將來留下任何答案，這讓發現寶器的人們傷透了腦筋。

一九八六年八月十四日，在三星堆，有兩個磚廠工人正在專注於他們的挖土工作，卻突然發現了在他們的鐵鍬下面，塵封著的一座千年寶藏，當他們小心地撥開泥土的時候，頓時驚得目瞪口呆。駐紮在當地的考古者迅速趕到，取土現場立刻被保護起來。一個秘密就這樣被揭開了，這就是後來被考古工作者命名的二號祭祀坑。

二號祭祀坑平面呈長方形，坑口長5.3米、寬2.20—2.30米，深1.4—1.68米。坑底長5米、寬2—2.1米。坑底西南高、東北低。坑內填土爲黃色五花土，塡土都經夯打過。坑中的遺物，根據出土時的堆積疊壓情況可分爲上、中、下三層。下層堆積主要爲大量的草木灰燼、炭屑和小形的青銅器件、獸面、殘細樹枝、玉石器及大量的海貝等。 中層堆積主要爲大件的青銅器件及青銅人像等。如大立人像、大面具、銅車輪、尊、彝等。上層堆積主要爲六十餘枚（節）大象門齒縱橫交錯的疊壓在一起。二號坑出土的遺物雖然在數量和種類上，都大大的超過了一號坑。但所出的主要遺物則顯示出它們的一致性。如兩個坑內均出有與眞人大小的青銅人頭像；黃金面罩，大量的海貝、象牙等；同時各出有大量的玉石器，其種類都有瑗、戈、璋、鑿等。兩個坑的遺物都是被火燒過而後埋入坑內。其方向均皮爲北偏東35度。不同的是，在二號坑內還出土有許多與神話傳說中有關的遺物。如銅「神樹」、人首鳥身等人物形象。

在二號坑中人們最先看到的，也是最惹眼的是一件巨大的青銅器物，它與衆多的其他器物，雜亂地疊壓在長方形坑裏。

陳顯丹：那個縱目面具，當時是倒著扣下去的，就是它的下頜

❶ **銅人頭像** 頭戴雙角形頭盔和方形面罩，頭盔下有頭套將頸部蒙住，僅露後腦。後腦部有一插髮簪的凹痕。人像被刻畫得嚴肅威武，虎虎有生氣

朝上，頭頂是朝下的。當時出土的時候，誰也不知道這是什麼東西，它當時就像一把椅子的靠背，所以有些人說那是一把椅子，就像我們椅子的靠背一樣，後來再往下做，就做出來它那縱目的眼睛，就這樣瞪出來，這也很奇怪了。大家都沒見到過，都說像螃蟹的眼睛，到底是什麼東西，大家反正就猜嘛，誰也沒猜到。最後發現它是一個很大的面具，是以前我們從來沒見到過的。

這件造型奇異的器物，當年被埋入坑中的時候，曾經歷過人爲的損毀，考古者將它命名爲青銅獸面具。青銅獸面具，是衆多面具中的最大者，體高六十五釐米，體寬一百三十八釐米，與同期出土的其他青銅人頭和面具截然不同的是，獸面具的五官非常特殊，兩隻凸顯的眼睛，直徑13.5釐米，長度達16.5釐米，所以也有人稱其爲凸目面像。與凸目面像同期出土的所有青銅人頭與青銅面像的眼睛造型，均突出於眼眶。

一號坑出有十五釐米的小型全身人像；二號坑出土的全身人像從十幾釐米至二百六十釐米不等。一號坑出土的青銅面具僅九釐米，二號坑出土的面具從小到大均有，大者達六十五釐米高、寬一百三十八釐米。創造這些奇特藝術品的藝術家最初的創作動機是什麼呢？這些作品的擁有者是誰？他們的祖先，興起於什麼地方呢？

在李白的《蜀道難》裏有這樣的詩句：「蠶叢及魚鳧，開國何茫然」，古往今來，有多少人對渺遠的古蜀王國及其文化有著無限遐想，這件特殊的青銅面具是否來自於傳說中的蠶叢、魚鳧古國呢？

《華陽國志．蜀志》中有這樣的記載：「周失綱紀，蜀先稱王。有蜀侯蠶叢，其縱目，始稱王……」，蠶叢即蠶叢氏，是蜀族的先王。蜀族得名於蜀山氏，這個氏族由來已久。《華陽國志．蜀志》的第一句話就是：「蜀之爲國，肇於人皇，與巴同囿」。也就是說，在考古學分期的「舊石器時代」，民族學分期的「蒙昧時代」，傳說中的「伏羲氏」時代，蜀人的部落，就已經形成了。他們活動的地域，是在蜀山一帶，所以名曰蜀山氏。而蜀山就是岷山。

至於這蜀山氏最早又是從何處來的，也是衆說紛紜。一說是古彝人從滇池一帶出發，來到昭通，沿岷江而上，到岷山聚居的。另一說則認爲蜀人是古羌人的一支，是從青海的西北方向南下而到達岷山的。

古代的羌族是一個非常大的民族群體，整個中國西部，基本上都是羌族的分布範圍。從甘肅河湟一帶（就是黃河源頭）一直往南，到了四川的岷江上游，然後再到金沙江流域往南，再到雲南境內，中國西部基本上都是羌族及其後代的分布地域。它有一個從北往南發展的歷史。

林向：我們現在在岷江上游發現大量石棺葬，在二十世紀七〇年代，我也曾經發掘過很多。可以看出來，這種文化跟現在的羌關係不密切。因爲羌人說，這不是他們的墓葬，這是他們羌人到岷江上游以前，一種氐人的依存。那麼氐人或者氐族，和羌人又是什麼關係呢？有一種說法是，生活在西北高原的一部分羌人，南遷到地勢較低的地方，其生產與生活方式，發生了變化。

他們因爲生活在低地，所以被稱爲氐族。這就是羌人和氐人，同源異流的傳說。在今天的羌寨裏面，依然流傳著先民古老的傳

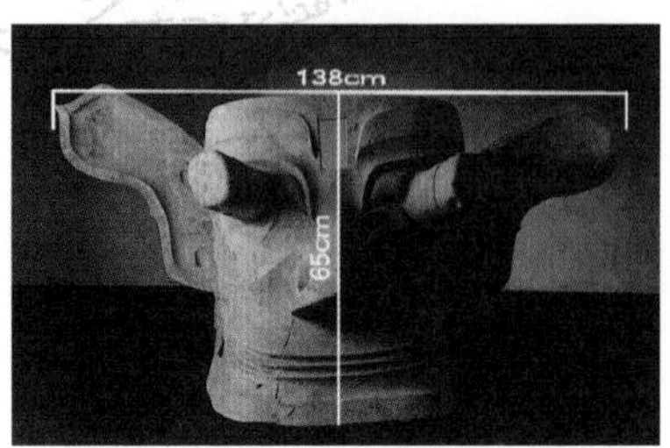

青銅縱目面具 中國最大青銅人面像，耳、眼採用嵌鑄法鑄造。方頤，倒八字形刀眉，眼球呈圓筒狀向前伸出約十六釐米。鷹鉤鼻，鼻翼呈旋渦狀，闊口，口縫深長，舌尖外露，下頷略向前伸。大獸耳向兩側展開。在額正中及耳前上下各有一鑿鑿形成的方孔。眉、眼描黑色，口縫塗有朱砂

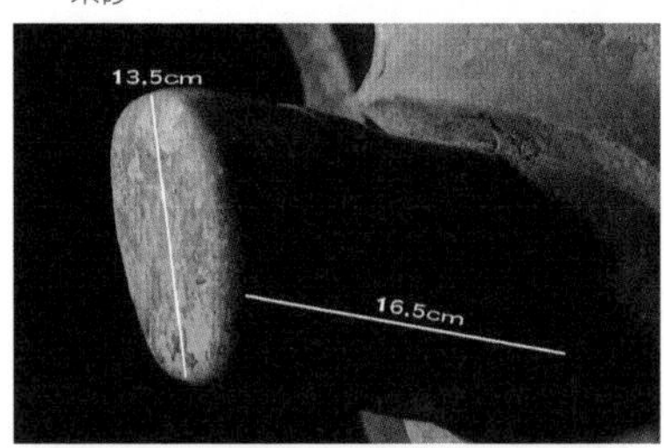

凸出的青銅縱目 闊眉大眼，眉尖上挑，雙眼斜長，眼球明顯突出眼眶，直徑13.5釐米，外凸達16.5釐米，前端略呈菱形，中部還有一圓鐲形的箍，眼球中空

華陽國志 《華陽國志》是中國現存最早而又基本完整的一部地方誌書，記載了中國今四川、雲南、貴州三省及甘肅、陝西、湖北部分地區之遠古典籍、神話、傳說、沿革、地理、風土及人物史事。其時間則從上古直到東晉初年，全書共十餘萬字，分為《巴志》、《漢中志》、《蜀志》等

說，其中最著名的可能就是羌人和氐人的戰爭了。

在羌族裏面，現在流傳的一種民間故事叫「羌戈大戰」，說羌人受到壓迫以後，在向西南進軍的過程當中來到一個地方，這個地方在他們羌來以前，有一種人叫戈基人。據說戈基人是有尾巴的，眼睛是豎起來看的，是豎目的，而且他們不知道有莊稼。羌人打不過他們，很危險，後來得到神的幫助，叫他們用比賽來壓戈基人，讓羌人用白石頭、用樹棒打戈基人，戈基人用雪、用麻稈來打，就打敗了。而且說那個戈基人，他的尾巴如果乾了，他就認爲自己要死了，自己拿個石板，造個洞鑽到裏面去，弄罐水弄點糧食，等死去了。照這樣的傳說來看的話，應該說在羌人來以前的人，即被羌人稱爲戈基人的人，很可能就是氐人，因爲氐人也有以蟲爲圖騰的，眼睛是豎起來的，豎目，這些都可以對照起來看。所以，我覺得石棺葬的文化，很可能是氐羌族系裏面的氐人的墓葬。這是

屬於羌人的民間傳說，所保留下來的遠古信息。

在今天的四川北部，有羌人生活的地方，白色的石頭，依然被作爲供奉品，放置在較高的地方。

羌族農家或將白色的石頭放置在屋牆的頂部，或放在離家不遠的石頭上面，這些原始時代的武器在今天看來，僅僅是最樸素的道具，它們以凝固不動的形式，經歷了漫長的歲月。講述的是不同的版本，相同的故事。

古蜀人有崇拜大石的習俗，他們相信，某些巨大的石頭林中，曾誕生過自己的祖先。傳說大禹出生在北川縣禹里鄉的石紐，在那裏一塊刻有石紐字樣的巨石，面朝西北方向。

段渝（四川省社科院歷史研究所所長、研究員）：那個地方的羌民，世世代代信奉大禹。而且它規定有一個範圍，在兩百里地以內，是一個聖地，很神聖的地方，專門祭祀大禹。有罪的人可以逃到裏面，逃到聖地裏面，在三年之內，只要你進了那個地方，就沒有人敢進去，沒有人敢進去把你抓出來，那是一塊聖地。如果你在裏面躲了三年再出來，你就無罪了。這種對大禹的崇拜程度在全國只有這個地方，其他任何地方都沒有對大禹崇拜得這麼厲害的。

大禹是遠古中國治水的英雄，也是傳說中中國第一王朝——夏的締造者。有關大禹的出生地，中國有許多地方都有自己的傳說，並在地方誌中，詳實地描述。有一種說法是，大禹就是羌人。

孫華（北京大學考古文博學院副院

»»» 中·外·名·人 »»»

■箕子

（生卒年不詳）紂之親戚。他對紂的驕奢生活進諫，紂不聽。於是箕子披髮佯狂而爲奴。周武王克殷後，曾訪問箕子，徵詢治國之道，並將他封於朝鮮，即「箕子朝鮮」。

■約書亞

（Joshua，生卒年不詳）摩西的繼任者。他死後，希伯來人進入混亂分裂的「士師時代」（Judges）。

羌族房屋　羌族，古稱西戎牧羊人，是興起於中國西部最原始的部落之一，最初居於河湟一帶，殷商時期已遍布西北、中原地區

長、教授）：在四川有兩個地點。一個是在岷江上游，在四川的北川縣有個石紐鄉，那個地方傳說是大禹出生的地方。而且《華陽國志》裏面說得更玄，「方百里夷人不敢放牧」，那是很尊崇的一個地點。但是不光是北面，南面也有，在四川的巴縣，就有一個塗山，也有塗山祠，也建於漢代。所以至少在漢代，全國各地很多地方都把夏禹，都把塗山氏夏禹的母親，就是生下了歷史上第一個統一王朝的國君的母親，作爲一個英雄，作爲一個神來進行祭祀。所以我想後來的這些傳說，不能作爲大禹是哪兒的人，出生於何地這麼一個證據，只能說在漢代，這個大一統的帝國建立以後，甚至在建立以前，實際上在很廣闊的地區，都有一個共同的、建立這個大一統的思想基礎。

雖然在中國的許多地方，都有關於大禹誕生地的記載，但是北川縣禹里羌族鄉的人們堅信，大禹就誕生在此地，而絕非他鄉。每年農曆六月六日，北川縣禹里羌族鄉的人們，便照例聚集在一起，以當今能夠編排出的所有儀仗來紀念大禹的生日。他們建造的大禹館，至今仍是全縣品質最好的建築。

今天生活在這裏的人們，依然保留自己的一些傳統，這些傳統表現在許多細節上。二十世紀五〇年代，林向先生在岷江上游做過長期的調查工作，現代羌族人的生活習俗，給他留下了很深的印象。

林向：比如「豬膘」，他們每年殺一頭豬，把整個骨頭剔了以後，就把它醃爛了，掛在牆上可以吃一年。這種很有特點的民族文化，一直延續到現在，幾千年都延續下來了。還有他們穿的白的麻布，很窄的窄幅布，用腰機來織，搓羊毛、麻線什麼的，是婦女用口水來潤濕以後，慢慢地用紡輪來搓的。

蠶叢鄉位於四川茂縣境內，生活在這裏的人們認為自己是蠶叢氏的直接後裔。這個地方的石頭很怪，傳說有一片大石頭林，就是蠶叢的故里。

蠶叢鄉又叫做蠶陵重鎮，歷史上的蠶陵古鎮位於岷江河畔，傳說夏禹治水時曾經路過於此，沿江而下進入川西平原。在大禹休息過的地方，因有野生的山蠶，後人便以為始祖天降神蹟，便稱此地為「蠶陵」，並逐步在此聚居而形成商賈重鎮。經過漢、唐各代歷史的發展，蠶陵古鎮演變成為松茂古道上遠近聞名的迭溪古城。到清末民初，這裏漢羌雜居，有上千戶人家。

然而，六十多年前，一個夏日的午後，這裏的一切永遠消失在迭溪海子冰冷的湛藍裏。一九三三年八月二十五日十五時五十分三十秒，迭溪發生7.5級地震，震中烈度十度，震源深度十五公里。震感北至陝西西安、南到雲南昭通、西達四川阿壩、東抵重慶萬縣。在方圓一百餘平方公里的極震區，山河改易，天驚地動。高出岷江二百七十米的迭溪台地往南平移五十米，下陷三百米，臺地之上的迭溪城中心部分在劇震發生的幾分鐘內幾乎筆直地陷落下去，城附近的二十一個羌寨全部覆滅。山崩地摧，峰塌坡裂，亂石飛滾，石礫泥沙

羌人 羌族是一個信奉原始宗教、信奉萬物有靈的民族。在羌人宗教觀念裏，天地日月，山川樹石皆為神，所有的神靈都無具體形象而寄託在一種白色的石英石之上，白石為諸神的象徵

↑ 疊陵重鎮

積於峽谷，阻斷了岷江正流，形成三個堰塞湖。頃刻之間，疊陵重鎮沉入水底，城郭廬舍蕩然無存，一個本來還熱熱鬧鬧的小鎮，化爲烏有。如今，整個古鎮永遠沉默在湖底，僅留下一座殘破的門洞。

今天的羌族人，也許就是土羌人的後裔，或是一個分支，他們的五官雖然經歷了歲月歷史的一次次打磨，但依然保持了自己的一些特點。蠶叢氏就是蜀山土生土長之羌族的祖先嗎？其實，我們將今天的羌人與古蜀人建立一種淵源聯繫，還只是多種假設之一。

李學勤（原中國社科院歷史所所長、教授、著名古文字學家）：所謂羌人，是不是就是今天我們在民族學上所說的羌人，那還是個問題，因爲古代羌這個範圍很廣。特別是甲骨文裏邊，甲骨文裏邊經常提到羌，古代那個羌，究竟分布在什麼地方，一般都認爲確實在西北。可是究竟在什麼地方，還有很多問題需要研究。古代所謂羌這個概念，跟今天所說的羌的概念，恐怕不一定相同。在歷史上詞語的含義會有很多變遷，可是無論如何，這反映了一個事實，就是禹的傳說是和西北的，甚至於蜀西南的一些民族，有一定的關係。

石頭是羌人建築的重要材料，許多羌寨，實際上就是石頭的城堡。城堡內部，結構複雜得猶如迷宮。走進羌寨，有著上千年歷史的參差交錯、古樸神秘的羌族古民居高低起落，讓人覺得彷彿走進了一個迂迴曲折的迷魂陣。可以想像，倘若在這裏發生激戰，攻入的一方會面臨的困境。

羌寨最高大的建築是羌碉，他是羌寨地標誌性建築，主要用於防禦敵人。座座古碉如寶劍直插雲霄，有一種很強的視覺衝擊力。在羌族聚集區，每隔一定距離就有一個這樣的碉樓，連接起數百里的村村寨寨，一旦發現敵情，馬上施放煙霧，很快把戰爭的信息傳到百里之外。

現在的許多碉樓，就是用石塊壘建的，碉樓的底下，一般是飼養牲畜的地方，中間的部分住人，屋頂用來曬糧食。

作爲標誌性的碉樓造型，一般都是高聳細長，樓體線條鮮明硬朗，使人聯想起三星堆面具的某些特徵。有學者認爲，羌族中許多人的眼珠有外突特徵，興奮時有外眼角上挑現象，像立起來一樣。這些是否可以解釋歷史上所謂蠶叢王「縱目」說法呢？縱目，指的是怎樣一雙眼睛呢？

林向：這個縱目，我覺得還是用現在我們西南的少數民族的一些說法比較好。東巴文字裏面就有這個字，橫目的顯於善，縱目的顯於美。縱目，他就眉毛吊起來，眼睛也往上吊，跟三星堆出土的那個，完全一樣的，那就是縱目。那就是說縱目是很美的，恐怕這個作爲縱目的表述，我覺得是比較合適的。因爲我們知道，北方的蒙古利亞人、大月氏，眼睛有眼內障，上面的眼皮往下吊，它的眼睛不

»»» 歷·史·典·故 »»»

商王禱雨

商王指成湯。成湯滅夏桀建立了商朝，被稱爲商王。成湯即天子位後，連著七年大旱，滴雨不出。當時掌管天文曆法的太史給商王出主意，讓他用人祭天禱雨，成湯沒有答應，而是剪髮斷指在桑林中祈禱，並發祝詞說：「老天啊，不應該因爲我一個人的過失，使人民傷命啊。」他的誠意感動了天神，話還未講完，雨就落了下來。

»»» 中·外·名·人 »»»

■比干

（生卒年不詳）紂之親戚，直言諫紂。紂怒曰：「吾聞聖人之心有七竅，信有諸乎？」遂殺王子比干，剜視其心。比干忠諫被殺之事，爲後代忠義之士所稱道。

■提格拉·帕拉薩一世

（Tiglath-Pileser Ⅰ）亞述國王（約前一一一五—約前一〇七七），改革行政制度，創設戰車隊。銘文提到他遠征那伊里（Nairi），巴比倫，敘利亞和腓尼基。

可能往上吊，都是平的。相反，在這種民族裏面，眼角往上吊就是比較美的，所以他們才有這樣一種崇敬，所有的假面具都是把眼睛往上吊的。吊上去的眼睛，我認爲就是縱目。

從三星堆出土的大量青銅人面具和青銅人頭像，不同尋常的全是粗眉毛、大眼睛、高鼻樑、闊扁嘴、幾乎沒有下頦，與現在的四川人有著顯著差異。其中有一個巨大的面具尤其引人注目。這個巨大的面具，有普通面具的好幾倍大，長長的耳朵向兩邊張開，大而長的眼睛誇張地向外突出，這被人們稱爲凸目人面像。這些造型奇特的人面具，反映的是外來人種？還是僅僅是藝術造型上的誇張呢？

凸目面具代表的是鳥的形象，是「瞿」及其異稱等，與四川古史傳說和神話傳說相關的，具有神性的鳥類。《說文》中就有關於「瞿」字的解釋：瞿，兩個大目呈圓形，好像是鷹隼的眼睛。成都市文物考古研究所副所長、研究員江章華和李明斌先生認爲，三星堆人相信他們的圖騰祖先與鳥有關。縱目面具，實際上也應是人鳥合體的一種正式表現形式。古人相信，人和圖騰是可以相互轉換的。從三星堆兩個器物坑出土的器物中，我們可以看到許多有關鳥的形象，也許可以說明，古蜀的先民，對於鳥賦予了別樣的意義。而在黃河中下游地區的東方古族，對鳥形的崇拜同樣存在。這其實又構成了另一種假設，古蜀人可能源起於東方。

孫華：從四川古代蜀國的各個朝代的祖先神來看，很可能和東方有關係。比如像都有崇鳥的習慣，東方古族以鳥名官，像少昊氏，都是以鳥名官，崇拜鳥，根據這些共同的崇拜，以及共同的地名，在文化上也有一些聯繫，可以把二者聯繫起來。但是，這些古代民族，是否都是從東方遷來的也未可知，也許有一支從東方遷過來，一代一代地延續下去，經歷了蠶叢、魚鳧、柏灌、杜宇、開明這麼多個朝代。

龍惠先生在《廣漢三星堆出土銅像考》一文中指出，人形凸目銅面相的兩個尖尖的耳朵，是杜鵑鳥的兩隻翅膀。它的勾喙一般的鼻子，則象徵它是鷹隼一類的鳥。古蜀國的第一代王叫魚鳧，鳧就是鳥，具體指的是水上的魚鷹。那麼魚和鳧又可能分別代表著什麼呢？

胡昌鈺（四川省文物考古研究所副研究員）：這個魚鳧氏是怎麼來的，我個人認爲，他應該是部落聯盟統治形式。這個部落聯盟統治形式就是，過去他們是兩支，是最早崇拜魚的部落和最早崇拜鳧的部落，這兩個部落組成一個聯盟，他們統治了當時的成都平原。崇拜魚的部落，應該是來自岷山山脈的；崇拜鳧的部落，應該是來自於山東，從山東輾轉過來的。

魚鳧是統治三星堆王國的第一個領袖概念的王族，這個統治階層，會不會是由兩支來自不同地區的人合併而成的呢？距離三星堆遺址很近的地方，有一條大河叫鴨子河，鴨子河直到二十世紀五〇年代還能行船，現在依然有打漁的人在這條河上豢養魚鷹。這種能戰勝魚的鷹，也許在遠古時代被人們所仰慕，所以從三星堆出土的器物中，我們可以看到許多和魚鷹，或者和鳥類似的造型。

盉是一種三尖底、鼓腹的器皿。按照著名考古學家鄒衡先生的說法，它是古人仿製雞或鳥的形象來製作的一種禮器。盉本是源於中原二里頭地區的一種器物，在四川盆地出土了同類器物，這意味著什麼呢？這時候，一個新的暗示出現了──那就

»»» 歷·史·典·故 »»»

紂王平東夷

商紂王名帝辛，是商朝最後一個王，以殘暴荒淫著稱，但他也是個了不起的人才呢！他曾經攻克東夷，爲華夏族向東南地區的發展開拓了空間，並使東南地區經濟、文化發展迅速。毛澤東評說紂王時說，「他經營東夷，把東夷和中原的統一鞏固起來，在歷史上是有功的」。

是陶器上面神秘的符號。

一九八六年，考古者在三星堆遺址發掘出一件陶器，名爲「小淺盤高柄陶豆」。在這件器物上，人們發現了一個孤零零的符號，它是一隻正視的眼睛。而這隻眼睛的符號，卻大量地出現在中原的二里頭文化當中，它們有縱向的雙眼，橫向的單眼，對稱單眼，橫向單眼等等。江章華先生將這種符號叫做「陳字文」，他認爲三星堆文化的這種符號，來源於二里頭文化之中。孫華先生認爲，眼睛形符號不是一種裝飾文樣，它只會爲認同並領會這種象徵意義的人們所接受。這種眼睛形符號，應該不是文化交流的產物，而是具有人群移動帶來的觀念意識上的符號。那麼三星堆的人們刻意製造出的眼睛又象徵著什麼呢？

孫華：這個眼睛象徵什麼，人們有不同的解釋。但是我覺得，可能古代的一個傳說，可以作爲最好的一個注解。傳說在北方有一個大神叫燭龍，也有叫燭陰的，這個燭龍的眼睛一張開，天就亮，一閉上天就黑。所以它的眼睛在某種意義上，代表了太陽、月亮這樣一種光明的東西。而在三星堆文化裏面，我們確實發現三星堆人在他們的宗教觀念裏面是很崇拜太陽神的。

他們用銅做巨大的太陽神樹，他們的有些銅器上面也做出了太陽的子輪，像大車輪一樣的這些東西。我們在三星堆文化之後的金沙文化裏面也看見，有這樣的漆器，有這樣的金器，這種金器當然很可能是漆器的一個部分，就是在中間的太陽光芒外面有四隻鳥圍繞著太陽飛翔，這種圖案也有濃厚的太陽神崇拜的意味。

我們無從知曉凸目製造者的原始動機究竟是什麼，如果它的使用途徑就是祭祀的話，那麼可以想像，製造者當初追求的就是一種超凡脫俗的效果。這種效果，首先是集中在對眼睛的設計上。在三星堆青銅器中，人們發現了很多奇怪的器物，它們是菱形的、勾雲形的和圓形的。

小淺盆高柄陶豆 高柄豆是三星堆遺址出土的蜀文化典型器物之一，它在整個遺址出土陶器中數量最多，高柄豆上面的盤狀體用於盛物，下部為喇叭形圓足，以豆把連接二者。這是席地而坐的古人巧妙實用的生活用具

統治三星堆的王族魚鳧

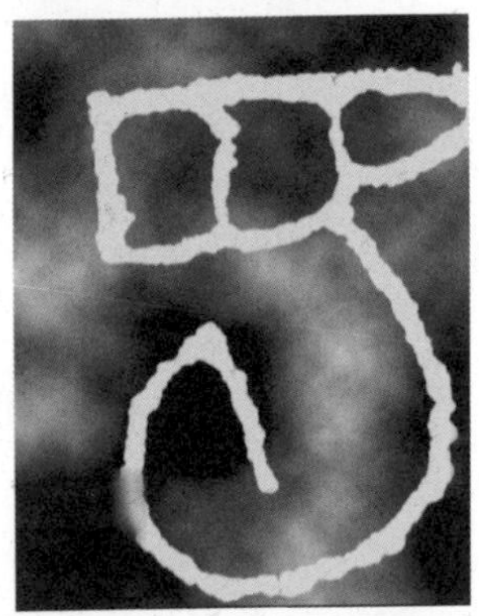

甲骨文中的「蜀」字 甲骨文和西周金文蜀字是由目和蟲組成

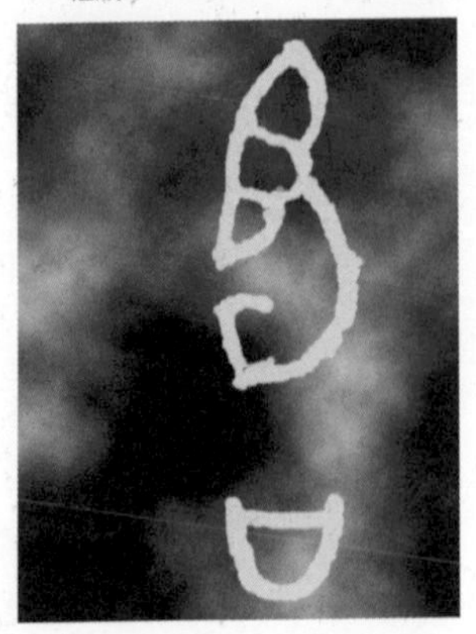

倘若沒有確鑿的證據說明它們的眞實意義，那麼人們更傾向於將它們看作是眼睛。在三千二百多年前，這些眼睛形器皿曾經固定在三星堆的什麼位置上呢？

說到眼睛，也許可以從甲骨文中的蜀字談起。學者們發現在甲骨文中，蜀字有二十多種形式，無論哪一種形式，字的上方都有一個大眼睛，下方是一個彎曲的身體。最早的蜀字是沒有蟲字的，蟲字是後來發展出來的，從一隻蟲到兩隻蟲，金文時期將它固定下來，然後直到漢隸，才把它擬定爲現在的蜀字。

趙殿增：如果眞的是這樣的話，那麼蜀這一支人，在商代的時候，已經和中原有密切的關係。

甲骨文上有幾十處記載，反映了它的整個祖先傳統，現在找到的三星堆的青銅面具，和大大的眼睛，很可能是蜀國祖先的一個象徵，也是蜀國的一個象徵，蜀人的一個象徵。

古代有一個俗語，叫做蜀犬吠日，出自唐代岑參的詩句：「終年霖霪，時復日出，猖猖諸犬，向天吠日。」後用以比喻少見多怪。爲什麼偏偏是蜀犬而不是其他地方的犬呢？

段渝：這個問題呢，實際上也有根據，就是蜀這個地方，四川的狗很少看見太陽，一旦太陽露出臉的時候，感到很奇怪，感到是個怪物要去咬它。說明蜀的環境日照少，潮濕，霧氣重，突出了眼睛，就希望透過迷霧看到遠處。而青銅大面具，有凸目還有很高的耳朵，這個耳朵能聽得很遠。眼睛要求看得遠，耳朵要求能夠聽得遠，這是人類對自己身體功能的一種期待。

義大利醫學史學家喀斯帝寥尼在研究上古史時發現，生長在神秘與信仰氣氛中的上古人，在模糊的迷信形成爲明確的習俗和宗教觀念時產生了一種觀點，那就是人們能夠借助眼睛達到某種目的。比如用狠毒的目光可以加害於人。這種觀念的最早起源是來自鬼怪作祟的思想，魔鬼附在某些人身上，就可以用眼睛的表情或特別的顏色表現出來，爲防範諸如惡毒的目光，人們使用附有動物和人類器官，特別是眼睛和生殖器的避邪符，作爲重要的治療手段。也就是說人類在很早的時候就認爲，眼睛的力量是十分強大的。古人對眼睛的崇拜習俗，並不僅限於蜀地和中國其他地區。

周一兵：對眼睛的崇拜，似乎在兩河流域的文明裏也長久被保留著。到了五千

»»» 天·工·開·物 »»»

八卦

八卦分別由陽爻「-」和陰爻「—」組合而成，由八卦兩兩相合可成六十四卦，故八卦又稱經卦。八卦象徵天、地、雷、風、水、火、山、澤八種自然物的觀點和陰陽對立交感的觀點，涉及宇宙的起源、事物的矛盾轉化等諸多問題。八卦從不同方面對中國古代哲學產生了重要影響。

»»» 中·外·名·人 »»»

■武王

（生卒年不詳）姓姬名發。西元前一〇四六左右，聯合庸、蜀、羌、髳、微、盧、彭、濮等族或方國，在牧野一戰打敗紂王的軍隊。紂王自焚，商朝滅亡，中國歷史上第三個王朝周正式建立。

■掃羅

（Saul，生卒年不詳）約前一〇四〇—前一〇一二在位，士師時代末期希伯來人的第一個國王，其成就促進了希伯來人的覺醒和統一。

五百年到五千年之前，這個時候就出現了烏克魯文化時期，在烏克魯文化時期裏，發現了一個當年遺留下來的神廟。這個神廟叫布拉克丘神廟，神廟整個牆壁上全部釘滿了眼形器，以至於人們把它稱作眼廟。到了近代，雖然現在的阿拉伯人和當年兩河流域文明的創始者完全是不同的人類種群，但是這個習俗似乎一直保留著。現在在突尼斯、伊拉克等國家，你會發現當地的婦女在手上畫著一個連著一個的眼睛。我們問她說你畫眼睛是做什麼用的，她說是爲了祈福，祈禱幸福，這跟伊斯蘭教完全不一樣。我問這個東西有什麼名稱，她們告訴我這個東西叫赫納。所以我覺得對眼睛的崇拜，不應該僅屬於在中國地區的古代先民的專利，這應該是一個世界性的問題。最簡單不過就是說，印度佛教文化裏的千手千眼佛，也是對眼睛崇拜的一種形式。

銅人面具

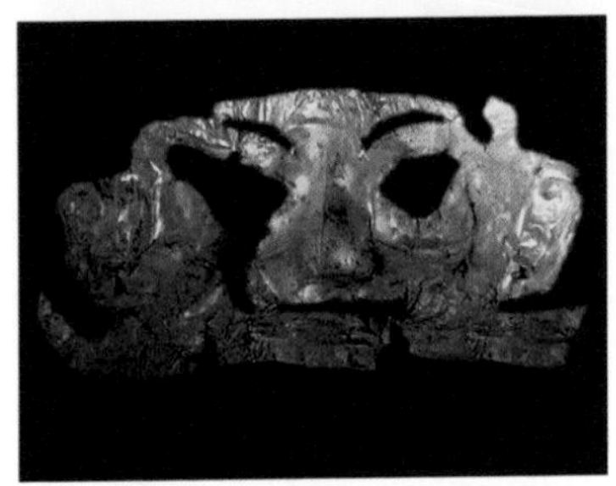
金面罩 有學者認為，三星堆的金面罩不是面罩，它是古蜀人為青銅頭像裝點的黃金的皮膚

對於三星堆銅人像的眼睛，以及面具凸目的理解，起源於不同的判定角度。劉興詩先生，從一個醫學現象分析說，早在遠古時期，生活在岷江上游地區的人群，由於缺碘，普遍患有甲狀腺亢進，眼睛突出是其症狀之一。二十世紀九〇年代初，也有參觀過三星堆展覽的醫務專家提出過甲狀腺亢進的猜測，但是許多學者對此提出質疑，因爲甲狀腺亢進的說法缺乏詳實的依據。段渝先生則認爲，古蜀人製造的頭像，其突出的眼睛與粗壯的脖子，是基於美學

方面的考慮。

人們對三星堆凸目的含義衆說紛紜，有人認爲是傳說中的「千里眼」形象，甚至有人懷疑這是古蜀人所看到的「外星人」，對於這種神秘形象的猜測還將一直進行下去。

錢玉趾（四川省科學技術協會高級工程師）：我覺得古蜀人的文化是非常發達的，對仿生學有很好的研究。我覺得眼睛上面有個箍，它是對節肢動物的仿生。像螃蟹和蝦子，它的眼睛就是突出的，突出來的眼睛上面就是分兩節，前面一節後面一節，中間有一個柄，有一個節把它連在一起。這個眼睛可以旋轉，可以收回，可以伸長。螃蟹的身體不動，它的眼睛就可以看到周圍，上下左右都可以看到，它碰到危險可以把眼睛收回去。三星堆出土的就像上面的眼睛中間有個箍，所以我認爲三星堆的先民，就是模仿節肢動物的眼睛塑造出來的。

除了凸目以外，三星堆的銅人像還存在著眼睛沒有瞳孔的現象，這也引起了許多學者的注意。

對於這些人像爲什麼不表現瞳孔，學者們仍然有著不同的解釋。澳大利亞學者巴納認爲，銅人像的眼睛上下角位置顚倒，眼球中僅表現一條斜線的現象，是當

»»» 歷・史・典・故 »»»

武丁夢賢

武丁在商朝諸王中很有盛名，他統治時期是商朝最強盛的時期。

武丁特別想用一個很有治國才幹的叫傅說的奴隸爲相，但當時奴隸和奴隸主之間界限分明，他就想了個辦法。深夜，武丁從夢中笑醒，手下人忙問他夢見什麼了，如此大笑。武丁說，他夢見先王商湯給他推薦了一個叫傅說的賢人幫他治國，還把那個人的長相告訴手下人，並派他們去尋找。最後終於把正在從事苦勞力的傅說找來了。傅說心裏很感激武丁解除了他的奴隸身分，且用這種辦法拜他爲相，便忠心輔政，使商朝興盛起來。

»»» 中・外・名・人 »»»

■周 公

（生卒年不詳）姓姬，名旦。西周初年的大政治家、思想家。武王之弟。武王滅商後封於魯。相傳他制禮作樂，建立典章制度，主張「明德愼罰」。其品行爲儒家思想提供典範。

■斯巴達立法者萊庫古

（Lycurgus，約前八〇〇）傳說爲建國之初斯巴達的改革者。約在前八二五—前八〇〇年間推行改革，他宣稱是從德爾斐的阿波羅神諭中獲得有關改革的思想從而爲改革披上神聖的光彩。此神諭即後人稱爲《大瑞特拉》的文件。

時的人運用毛筆來勾畫眼睛的結果。

段渝：我們實際上從三星堆頭像的人眼睛的形態來看，它不是閉著的，它是往下看。這些被供奉的頭像是祭祀對象，它有很高的地位，所以它們是往下看的，有下視的感覺。在三星堆，還有其他的衆多的各種各樣的眼睛，大多數都沒有瞳孔，這大概代表了蜀人對眼睛的一種特別的感受。

或許我們可以推測，魚鳧人就是製造面相的決定者。他們召集了優秀的藝術家和頂級的工匠，製造出這樣一個誇張的形象供奉在神聖的儀式上，並以其巨大的形體達到心靈震懾的目的。

段渝先生認爲，古代蜀人正是通過製作並供奉這種蠶叢似的面相，使魚鳧王卓有成效地控制了蠶叢氏移民對其先王的偶像崇拜，從而相當成功地達到了合法統治蠶叢氏移民的政治目的。

顯然，沒有人能戴上如此巨大的面具，或者說，凸目面具並非面具，它是一張被誇張的臉，是三星堆王國在特定的情景下需要的超現實的臉。

朱迪先生認爲，面具所代表的不是人們通常所熟悉的面孔，它是常人所沒有的。它要引起的不是親近感，而是陌生感。因爲面孔所代表的不是人的表情，而是神秘世界中某種神靈所可能有的表情。所以它不受人的五官所支配，可以任意誇大一部分，或者縮小一部分。

孫華先生根據三星堆不同類銅像間眼睛的差別，爲判定其身分提供了依據。他將具有不同眼睛的銅像分爲三種類型：眼睛的瞳孔如柱形突出於眼球之外的這一類，是神而不是人。眼睛中間有一道橫向稜線，沒有表現瞳孔的，應該不是普通的人。眼睛中或有眼珠，或用黑墨繪出眼珠的，才是普通而眞實的人的形象。

根據民族志的材料，許多民族的神職人員，在通神做法的時候，往往要服用某些令人致幻的藥物。憑藉這些藥物的力量達到迷濛，彷彿與神交往，這類在神智昏迷狀態下與神交往的神職人員，民族學家和人類學家通常稱之爲薩滿。

林向：在我們西南地區的很多民族裏面都有神職人員，他不叫薩滿，而叫須，叫畢，或者叫畢摩。這種宗教階段，我們叫做薩滿文化階段。薩滿的特點是人跟神交往通過幾個途徑。一個通過野獸，通過獸類或者是禽，飛禽能夠跟天交往。還有一個就是自己本身，要經過自我催眠，進入一種精神恍惚的狀態，能夠跟天交往，酒在裏面就起了很重要的作用。喝了酒以後，神智容易自我催眠，使自己達到一種昏迷的狀態，一種歇斯底里的跳躍，而且能夠產生種種幻覺。法國的舊石器時代的洞穴遺址裏面，有很多那種圖像讓人不能理解——它都是重疊起來的。怎麼回事呢？根據很多學者研究，它也是這種人處於自我催眠狀態，才畫了這麼一個圖像出來，道理是一樣的。在古蜀文明的時候也是這樣子的，人能夠跟天交往，怎麼交往，通過喝酒就能交往了。

<3> 衆說紛紜的「文化飛地」

廣漢三星堆博物館的二號展廳燈光幽暗、氣氛詭異，這裏摹擬的是一個大型祭祀場景，主題叫做「赫赫諸神，森森群巫」。當今天的人們和那些遠古時候的青銅面具四目相對的時候，會感到一陣戰慄，其中夾雜著敬仰和恐懼，疑惑與幻想。無數的青銅頭像、面具就在咫尺之間，又彷彿有著非常遙遠的距離，它們粗眉毛、菱形大眼、蒜頭鼻，跟現代的漢人容貌相去甚遠。沒有人能戴上巨大「千里眼」面具，它很可能是一張被誇張的臉，代表的不是人的表情，

而是神秘世界中某種神靈所可能有的表情。

由於三星堆青銅面具奇異的形態超出我們視覺的經驗，以至於我們認識它們的過程，可能永遠就是一個假設的過程。

爲什麼在三星堆文化中，許多銅人的眼睛都沒有瞳孔？學者們的看法各不相同。段渝先生認爲，由於當時銅人崇高的地位，三星堆的藝術家在塑造眼睛的時候，可以表現出它是朝下方看的。

巴納先生認爲，眼睛的造型位置顚倒，中間呈一條弧線，是當時的人用毛筆繪畫的結果。孫華先生認爲，大眼睛的銅人可能有幾種身分，其中一種可能是薩滿一類的神職人員，這些人可能是一個叫做鼓蒙階層的公職人員。他們是一群很特殊的人，掌握著較高的文化，但是眼睛是失明的。

孫華：由於他們是瞎子，記憶力可能就特別好。他們也不能做其他的事情，也許就承擔起部族或者國家的傳播文化的這麼一種責任。尤其是在文字沒有廣泛運用之前，他們超強的記憶力，可以把祖先的故事，一些神話傳說，以及先王的世系都能背誦下來。由於這些人掌握了學問，他就成爲知識階層，成爲當時擁有一定權力的人，當時的國君可能也都很尊崇他們的意見。在此以前的更古老社會中，他們的地位還可能更高。

對鼓蒙階層的推測是以中原周人的歷史爲依據的。在三星堆的統治階層中如果眞有這樣一群人，那他們是三星堆本地的人，還是來自中原的呢？

人們注意到衆多的銅人像的脖子底部都呈尖錐形，這個造型的含義是什麼呢，銅人頭的下面是木織或者泥塑的衣領嗎，是否還另有其他的表現含義呢？陳顯丹先生根據當時的祭祀習俗推測，當時的古蜀人爲求得神靈的保佑或寬恕，非自我犧牲不可，但是掌握神權的巫師，不會自己製造危害自己生命的技法，因此製造出若干個替身。這些替身中，不排除是他們仇視的人，或鬼神，以及戰俘的偶像。如果我們將對鼓蒙階層的推測與替代人頭的假設聯繫起來的話，也許可以推斷在三星堆的某個時期裏，曾發生過一個重大而激烈的事件。

在三星堆王國的同一時代裏，或以後的世界許多地方，都有關於祭祀、下葬或重大活動中以人作爲犧牲的紀錄。考古者在發掘西元前三五〇〇年的巴比倫王烏爾的墓時，發現殉葬者達五十九人，這一發現曾震驚全世界。而在商王朝編號爲M1001的大墓中，殉葬者有二百二十五人，國王和貴族用於祭祀祖先所殺的奴隸或戰俘數量，一次便高達四百多人。在三星堆的墓葬中，人們至今沒有發現有人牲或殉人的現象。如果這些銅人頭就是拿來用作犧牲的話，那也僅僅是某些人頭的替代品。

三星堆的銅面像，既不像現在的四川人，也不像蒙古利亞人，他們所代表的是哪一支人群一直是人們猜測的話題。神權王國的藝術家們模擬出的面孔，與他們本身的面孔是一致的還是另有所指呢？

孫華：確實三星堆的人，鼻子比較高，但是同樣也比較寬，眼睛眉毛都特別大，眉毛很寬很粗，那個眼睛特別的長，特別的大，嘴也很大。這些特徵和任何一個現有的人種都沒有辦法很恰當地聯繫起

»»» 歷·史·典·故 »»»

紂王與「折脛河」

商紂王集荒淫與殘暴於一身。有一天清晨，他與寵妃妲己在宮殿上張望，發現淇水邊有個老人脫了鞋卻猶豫著不敢涉水過河，而年輕人則迅速赤足涉水過到對岸，頗覺奇怪。左右有人相告說，老年人的骨髓不實稱，早晨天又冷，所以不敢涉水。商紂王因爲好奇心起，就令士兵抓來老人，砍下其雙足，以研究他的脛骨。今天還有的河南安陽「折脛河」，據說就是當年商紂王砍老人雙足的地方。商紂王的殘暴，無疑加速了商朝的滅亡。

»»» 中·外·名·人 »»»

■姜子牙

（生卒年不詳）太公望，姜姓，因佐武王滅商有大功，封於齊，以營丘（亦稱臨淄，今山東淄博市東北）爲都城。

■大衛

（Dawid或David，生卒年不詳）掃羅死後的繼任者。約前一〇一二—前九七二年在位。期間他同腓尼基的推羅結成同盟，戰勝腓力士丁人，並統一以色列和猶太，建立以色列—猶太王國，定都耶路撒冷。

來，不是這裏不像就是那裏不像。當然三星堆裏面的人，它都是做了某種程度的抽象，並且有某種程序化的東西。所有的人，不管是地位高的，地位低的，不管是神還是人，不管是大還是小，他的臉部造型都是千篇一律的，所以這可能是當時人們認爲最好的一種面部的表現形式。

周一兵（文化評論家）：它是一種偶像，是一種崇拜偶像。去猜測這種偶像當時是什麼樣，我覺得就跟我們現在非得猜測連環畫、卡通畫的原型是什麼，從科學意義上講，這個道理永遠說不通。我們寧願根據它的骨骼，那些顱骨、各種各樣的骨骼去復原，有據可考。我們根據一個偶像去猜測，我覺得沒什麼意義。當然了，如果我們眞的要從那裏去找一些東西的話，我覺得無論從三星堆的銅像的面頰角、臉頰角，還是顱長比、顱寬比，包括鼻樑的高度等來看，它們的相貌，起碼來說，跟現代的中原人，或者是跟現在的中國人相比，都有比較大的區別。

古埃及的藝術家製作出金面罩，也許是爲了用不朽的金屬遮蓋住死者一定會變形的臉，以達到讓法老們靈魂不朽的目的。從民族誌及古代文獻的面具情況來看，面具一般是爲了將人的眞實面目遮掩起來，代之以一種或神秘或猙獰或奇異的假面具，以便在巫術、宗教和娛樂活動中使用。三星堆的金面罩是附著在青銅人頭像上面的，其目的是什麼呢？從三星堆出土的戴金面罩的銅人，使人們浮想聯翩。

金面罩，出土於一九八六年七月二十七日。金面罩殘高11.3釐米，殘寬21.5釐米。一九八六年八月十四日，四件戴有黃金面罩的青銅像出土，當人們發現它們時，便很自然地想到了西亞與北非的同類器物。

世界上最早的金面罩發現於美索不達米亞（即今伊朗、伊拉克一帶）。十九世紀末，羅伯特科爾德威，從尼布甲尼撒時期的巴比倫城，發掘出西元前十八世紀的青銅佩金雕像。一八七六年，海因里希施萊曼，在伯羅奔尼撒半島上的邁錫尼王族墓，發掘出西元前十六世紀的黃金面罩。

一九二二年十一月四日，霍華德卡特在埃及底比斯國王谷，主持發掘了圖坦卡門陵墓。古埃及第十八王朝的國王圖坦卡門的臉，是由一張黃金製做的面罩覆蓋著的。埃及大學解剖學教授道格拉斯．藝德麗這樣描述到：新帝國時期的表現藝術，已有明顯的現實主義傾向。圖坦卡門繼位的時間爲西元前一三五〇年左右，相當於中國的商與西周之間。三星堆金面罩埋藏的時間，大約也是在那個時期裏。

西元二〇〇一年十月十二日，中國和埃及聯合發行了以黃金面罩爲主題的郵票，兩件文物都氣度非凡，有著天人相通般的神秘色彩。兩張郵票的設計者，分別是中國的王虎明和埃及的賽伊德白德拉維。兩個同處在北緯三十度的古老文明，以一方郵票爲載體，由兩張黃金面具聯繫起來，使人們的聯想空間拓展到遠古的時代。

與三星堆黃金面罩同時出土的一支由黃金製成的棍狀物，經過復原，發掘者將其命名爲金杖。

《發掘簡報》公布的這件器物，長一百四十三釐米，直徑2.3釐米，重四百六十三克。用純金皮包捲而成，出土時已壓扁變形。這件器物，在入土前遭受過人爲的毀壞，但上面長達四十六釐米的手刻圖案，仍然是清晰的。發掘者是如何將這件器

中·外·名·人

■井田制

中國古代的一種土地制度。「井田」一詞，最早見於《穀梁傳．宣公十五年》：「古者三百步爲里，名曰井田。」夏代曾實行過井田制。商、周兩代的井田制因夏而來。周代以後出現的九夫爲井之制個人私有的成分已增多，可以看作私田已被耕作者佔有。西周中期，貴族之間已有土地交易，土地的個人私有制至少在貴族之間已經出現。由此，自上而下，進一步發展爲實際耕作者的土地個人私有制。

頂樽跪坐女像

人面像

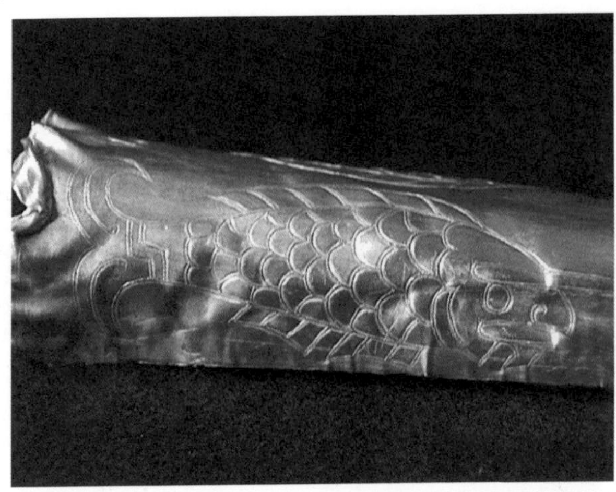

金杖細部　金杖上雕刻出魚、鳥、神人頭像和箭等圖案，圖案的意義大致是：在神人的護佑下，箭將魚射中，鳥又將箭桿帶魚馱負著歸來

金杖

物，稱之爲金杖的呢？

陳顯丹：我開始認爲它是個腰帶，這種感覺的產生，是因爲以前在四川發現過元代的、宋代的一些金腰帶，上面刻有十二生肖，沒有想到它是金杖。後來在發掘完之後，我們把它取下來，在金杖的另外一端，有一個龍頭，還有一件玉器在那兒。我們再把這個金杖取下來之後，發現它是一個金箔，就是很薄的那個，它應該包有木棍在裏面。所以我們把它確認爲是金杖，不是金腰帶。

出自一號祭祀坑的一支金杖。它全長1.42米，直徑爲2.3釐米，用捶打好的金箔，包捲在一根木桿上，淨重約五百克。木桿早已碳化，只剩完整的金箔。金杖的一端，刻有圖案，共分三組。靠近端頭的是兩個前後對稱，頭戴五齒高冠，耳垂三角形耳墜，面帶微笑的人頭像。

另兩種圖案相同，上方是兩支兩頭相對的鳥，下方是兩條兩背相對的魚。它們的頸部，都疊壓著一根似箭翎的圖案。金杖上有魚、鳥和劍的圖案，似乎表明了使用者的標識意圖。那麼誰是金杖的使用者呢？林向、陳顯丹先生從圖案上的魚和鳥分析認爲，金杖的主人是魚鳧王。但是對於這件器物，是否應該稱之爲杖，也有學者持不同的意見。

李學勤：它一定有點兒特殊的意義，這件東西應該是有特殊意義的。是不是叫權杖呢，我看倒未必，它是一種杖形的東西，應該說是沒有問題的。可是它不是一個很實用的東西，因爲金箔上有浮雕狀的花紋，那是不能夠攥，不可能是用手這麼握著，經常這麼使用的。它恐怕是禮儀性的，更合理一點。

孫華：它是不是杖，現在也是不能肯定的。這個器物出土的時候，不是一個直的，是一個圈。從出土的情況看，它是一個環形的，它是一個帶還是杖，現在就不能肯定。我們就姑且認爲它是一個杖吧。

由於金面罩、金杖，多見於古埃及和西亞的墓葬。所以人們的目光便很自然地從三星堆向西移去。在古代社會（或說古代部落）裏，權杖是象徵地位和權勢的特殊器具，古埃及的法老們一般都手握權杖。

段渝：全世界用杖的，代表權力的傳統，首先是在西亞發生的。根據外國學者的研究，西亞的權杖產生以後，向西傳播到埃及，然後後來就是古希臘繼承了它的傳統。如果我們從這個金杖、金面罩和青銅人頭像的這些功能來看，它們第一個是代表權力系統，第二個是代表宗教祭祀禮儀系統。還有從藝術角度來看，這幾大文

»»» 天·工·開·物 »»»

《易經》

誕生於西周初期，是中國儒家典籍，六經之一。原名《易》、《周易》，漢代人通稱爲《易經》。「易」字，一說爲「簡易」之義；另一說爲「變易」之義，意爲以揲蓍數目之變，推求問事之變，藉以釋疑。「易」前「周」字，一說指周代人的筮法；一說指周遍之易，即探求普遍的變易法則。漢代人所說的《周易》，包括經、傳兩部分，傳是對經的解釋。《易經》則指六十四卦的卦象、卦辭、爻辭而言。

明都是相似的，而且有一個相似點就是發展的方向，比如說近東向埃及、向南亞、向印度發展，印度也出現了類似的文化因素。中國在這一長列的文化序列裏邊，年代是處於比較晚的。

在古埃及、古愛琴海、古印度文明中，青銅雕像、青銅或黃金面罩都是常見的，西亞古代藝術中的雕塑品，也常常覆蓋薄如蟬翼的金箔。三星堆出土青銅人頭像和面具，其造型特徵已經明顯脫離中國人（或古蜀人）的面部特徵，更多地趨向於歐洲或西亞人種，洋溢著一股異國情調。所以四川大學博物館館長霍巍先生認爲，三星堆文化的一些因素，可能受到來自遙遠的西亞、中亞文明的影響。

霍巍：在中亞文化裏面，青銅器是國之重器，古人用青銅器──鼎、尊，用它的數量，用它的組合來表示等級，來表示它形成的秩序。權杖，還有黃金面具，以及大量的黃金製品，這樣的一些現象就很容易讓一個學考古的人聯想到，周邊的文明裏邊，有一些跟它相似的因素。在三星堆文化中，是否存在著來自中亞、西亞以及北非的影響，學者們持有不同的看法。因爲古代中國並非「無權杖之說」。

古方在《天地之靈》一書中指出，在江浙一帶的史前良渚文化的大墓中，有儀仗玉質附件出土。包括玉戚等。以「秘」相連，即成一件長六十八釐米，有柄首飾和柄尾的完整玉器。作者說：「這些特殊的玉器是墓主人生前用以顯示自己地位的權杖。」這至少說明，中國之權杖，不一定是受西亞文化的影響。同時，墓葬中出土的玉「杖」，與「祭祀坑」出土的金杖似乎也有區別。因爲，前者是方國的國君，後者是一國的君王，認爲它是王杖，恐怕更爲確切。應該看到，中國人用杖，由來已久。良渚人以玉爲權杖，三星堆人就能以金爲權杖。杖，既是一種生活用具，也是一種裝飾品。

《山海經．海外北經》就有「夸父追日，棄其杖，化爲鄧林」之說。《山海經．海內經》說都廣之野「靈壽實華」，這靈壽木就是做杖的好材料。《漢書．孔光傳》「賜太師靈壽杖。」蜀山氏來自山區，用杖助力，更是一種必要的器具。至今，四川劍門藤杖，仍馳名中外。中國歷代王朝，都有賜杖與老臣的慣例。《禮記．曲禮》：「大夫七十而致事。若不得謝，則必賜之幾杖。」「謀與長者，必操幾杖以從之。」而不同身分的人，手杖的裝飾和長度都各不相同。

戲曲中，皇家使用的「龍頭拐杖」，雖是道具，長度就和金杖差不多。至於包金拐杖、包銀拐杖、木杖、藤杖、竹杖……品種甚爲複雜。而杖首杖身裝飾各種花紋，各種造型，更是珍貴手杖所必有。杖既可以顯示身價，也可以代表權力。

孫華：古代的一些長老，實際上都有拿杖的習慣。到了漢代，長老拿杖這個習俗已經沒有了，但是當時作爲一種養老制度，有賜鳩杖這樣一說，年齡很大了，國家要賜給你杖，上邊有一隻鳩，斑鳩，這樣的一個杖。在更早的時候，拿這種持杖的多是氏族的長老，都是握有權力的人。所以就中國自身的傳統來說，當時有權力的人，也會拿著杖。所以根據這個有杖無杖去和西亞進行聯繫，那是比較牽強的。

段渝先生則認爲，文明地帶之間，存在著「文化飛地」的可能性。「文化飛地」這個概念，是由美國和歐洲的一些學者提出來的，意思是說，一個文化的發源地，它的某種文化因素傳到了另外一個文化區內，中間沒有留下傳播的痕跡，就像飛一

»»» 天．工．開．物 »»»

簡冊

古代中國用於書寫的材料。多用竹或木製成。簡是狹長竹木片；若干簡編連起來就成爲冊。在植物纖維紙流行以前，簡冊是主要的書寫材料。至遲在三千多年前的商代就已有簡冊了。

樣地越過去了。人類學就將這樣的現象，叫做文化飛地。

段渝：可能都是通過不同的仲介交流了。它吸收了東西，然後把這些觀念和技術，逐漸地帶回來。這可能需要很長時間，不是很快完成的。古代交通極不便利，它不可能用很快的時間就能完成這樣的交流，可能是很多年，才把這種觀念帶回來。

其實自從人們發現三星堆遺址那天起，出現一個問題就會有十幾種解釋，因爲眞正的答案，可能永遠密封在地平線之下了。正如德國作家希拉姆所言，考古學家必須用一把鐵鍬和自己的判斷力，去解決許多矛盾。而英國考古學家凱農威廉．格林韋爾說得更爲徹底，他說永遠不要考慮理論，只管收集事實。

古埃及的藝術家製作出金面罩，也許是爲了用永不腐朽的金屬遮蓋住死者一定會變形的臉，以達到法老們靈魂不朽的目的。那三星堆的金面罩，是附著在青銅人頭像上面的，其目的是什麼呢？孫華先生認爲，金面罩不是面罩，它是古蜀人爲青銅頭像裝點的黃金的皮膚。

孫華：一般來說戴面具，總是要做出和原先的臉不太一樣的東西。好比做得很恐怖，或者是其他什麼，它有一個目的。但是這幾個黃金裝點的銅人頭像，它跟那些沒有用黃金裝點的銅人像是一模一樣的，跟石雕人像的面部特徵，也是一樣的，當時的人的藝術造型就是這樣。爲什麼要用黃金去裝點呢，我想這些人可能具有一些特殊的身分。就跟那個最大的銅像，它用銅作爲整個人的臉面一樣，用黃金來表現除了眼睛、眉毛以外的皮膚部分，可能是要說明這四個銅人頭像，具有不同於其他人頭像的一些特殊的身分。

從民族誌及古代文獻的面具情況來看，面具一般是爲了將人的眞實面目遮掩起來，代之以一種或神秘，或猙獰，或奇異的假面具，以便在巫術，宗教和娛樂活動中使用。無論哪一種面具，其形象絕不會與眞實的人相同，其體量也應比眞實的人頭爲大。美國學者博納德邁樂斯在「論黑人木雕面具」中說，戴面具的人由於打扮而變形變質，從而喪失了自己本來的面貌，變成了超人的精神力量的化身。鬼魂通過對這戴面具和袍子的舞蹈者跟群衆講話，而後者，也就變成了鬼魂的代言人。

人類至今見到最早的巫師形象，是歐洲奧瑞納文化時期史前人在岩壁上所繪的巫師。這是歐洲舊石器時代晚期的岩畫，是原始巫典型的形象。

朱天順先生認爲，原始人不會無緣無故地在岩石上刻畫，他們刻岩畫是有目的的。岩畫是他們施行交感巫術的一種方式，他們嚮往什麼就畫什麼，於是被畫的物品被認爲具有了感應的魔術力。

在氏族社會，先民在狩獵活動中發明了法術、巫術後，出現了巫。首先出現的是女巫，這與母系制有關，反映了女性的權威。到了父系制，出現了「覡」——男巫。後人合稱爲「巫覡」，即「在男曰覡，在女曰巫」，後來統稱爲巫。巫在各地區分別稱爲端公、道公、師公、土老師、僮子、薩滿、釋此等等。最早的巫常由酋長兼任，反映了氏族、部族對行政、軍事和宗教三者集中統一的領導。巫是信仰「萬物有靈」的原始自然宗教的代表，是原始精神文化的主要創造者，也是原始意識形態的體現者。

巫與官結合，謂之官巫；與醫結合，謂之醫巫；與史結合，謂之史巫；與占卜結合，謂之卜巫。巫掌握了天文，謂之星占家；掌握了地理，謂之堪輿家；掌握了煉金術、煉丹術，成爲遊方術士。巫掌據了象形文字，使殷商甲骨文成爲觀察占卜天文、地理變化和各種「國之大事」的忠實記錄。巫還善於表演，後衍變爲優，成爲最早的歌唱家、舞蹈家和神話傳說的傳承者。

近代學者王國維認爲中國戲曲源於巫覡。總之，在人類早期發展史上，巫是推動社會進步，建立和傳播原始文化的功臣。巫最常用的手段是巫術。在盛行巫術崇拜的遠古社會，先民篤信巫術具有

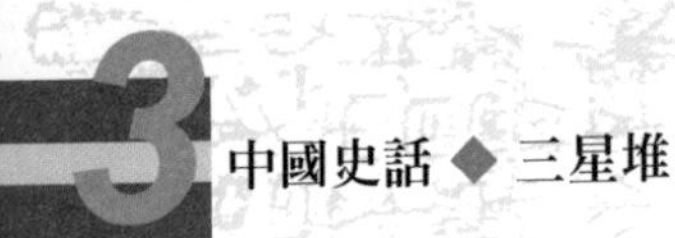

神奇的超自然威力，把掌握這種威力的巫，視爲神的使者，傳達神的旨意，是溝通神與人的橋樑。

高國番先生認爲，病態的人表演虛幻的巫術，人們便用虛幻的心情去接受，巫術的效果便顯得格外逼眞。傳說中治水的大禹，就曾模仿巫術。《荀子．非相》及《博物志》等文中，都有關於大禹治水時，表演法術的記載。

《博物志》引《帝王世紀》說：「世傳禹病偏枯，足不相過，至今巫稱禹步是也。」《春秋繁露．三代改制質文》：「（禹）形體長，長足，疾行，手左隨以右，勞左佚右也。」《法言重黎》：「姒氏治水土，而巫步多禹。」又李軌注：「禹治水土，涉山川，病足，故行跛也……而俗巫多效禹步。」「偏枯」即跛足。古人、今人多以爲禹治水勞累而得偏枯之疾，後巫者模仿禹之跛行而謂禹步。但《荀子．非相》卻說：「禹跳。湯偏。」高亨注爲：「跳、偏，皆足跛也。」即不僅夏之先人禹有偏枯之相，商之立國者湯也是偏枯者，豈非怪事？又魚亦偏枯，豈不更怪？《洞神八帝元變經．禹步致靈第四》說：「禹步者，蓋是夏禹所爲術，召役神靈之行步。此爲萬術之根源，玄機之要旨。昔大禹治水，不可預測高深，故設黑矩重望，以程其事。或有伏泉磐石，非眼所及者，必召海若河宗山神地焗向以決之。然屆南海之濱，見鳥禁咒，能令大石翻動。此鳥禁時，常作是步。禹遂模寫其行，令之入術。自茲以還，無術不驗。因禹製作，故曰禹步。」由此可以看出禹並非有偏枯之疾，而禹步純是一種巫術行爲，係模仿鳥步所得。「偏枯」純粹是古代部落領袖和巫師的一種巫術步法，古代部落首領帶頭行巫，而且溝通天地、「上下於天」的權力爲部落首領所掌握和控制。

同樣是出於通神的目的，三星堆王國的藝術家們，獲得了最高權力的特准。他們消耗大量的國家資源，以蜀人超乎尋常的想像力製造出通達神靈的面具和偶像。只是那些面具，並不是爲活著的人

銅獸首冠人像 殘高42.6釐米，一九八六年於四川廣漢三星堆遺址二號祭祀坑出土。殘斷，僅存人像上半身。殘高人像頭戴獸面冠，冠頂兩側有兩獸耳聳立，中間有一呈象鼻捲曲狀的裝飾物。兩臂平抬，兩手似握有琮，右手在上，左手在下。人像身穿對襟衣服，腰間繫帶兩周，帶在腰前打結，衣服為鏤空的紋飾，上身前後為雲雷紋，兩肘部為變形的夔龍紋

設計的。

林向：它不是活人，不是人的面具。那麼人的面具在哪兒呢，可以說沒找到。他們用這個銅像，用藝術形式來表現活人戴面具進行儀式的現象。我們可以看見，凡是進行儀式的人都得戴面具，否則你不能見神。那麼神本身是不需要戴面具的，比如神壇底下那四個大立人就不戴面具，因爲它是神，它托著上面的一個廟宇，那麼它就不需要戴面具。去祭祀的這個人，這個銅像是代表的人的形象，它一定是戴面具的，因爲所有的這些都是宗教活動的表現，所以才有這個東西。根據它的面像來判別它的出處，那是沒有根據的，因爲它是一種假面具的形象。

在三星堆的二號坑中有兩件器物，也許就是爲了顯示通神的。一件名爲獸首冠人像，它的下半身已經殘斷；另一件名爲人身鳥爪形人像，它的上半身殘斷。作爲上半身的獸首冠人像和作爲下半身的人身鳥爪形人像相比，顯得體形小了，這表明兩件器物不是同一體。但是從這兩件銅像的造型與裝束來看，它們又屬於同一類銅像。復原後的戴冠鳥足銅人像很可能應當是頭戴翼形冠，身著對襟短裙，下鳥足，或下著鳥爪形連褲鞋，腳踩飛鳥，遨遊雲頭的人或者神的形象。

鳥足戴冠銅人像的頭上，戴著一頂奇特的帽子，帽頂中央有一縷好似飄逸的雲氣一般的裝飾。帽子上方的兩側，有兩隻長長的尖

耳朵，帽子的上部似乎是模仿某種動物頭部的造型，兩側有較大的眼睛，下顎有垂冠，前端的口部，則是一個圓角長方形的空桶。這只造型奇特的帽子引起了許多疑問。

人們關注的，首先是它的功能性。這個奇怪的帽子上，有一些細節引人注目，例如飛輪般的圖案、引擎圖案、飛行器圖案、進氣孔造型等等。比較自然的一種想法是將它與太空人的某些零件聯繫起來，用現代人熟知的一些信息，試圖證明三星堆史前存在著航太文明。如果仔細觀察原件就可以看出，該銅像模仿鳥頭的帽子造型還是不完整的。它的敞開的嘴部還需要套接一個嘴尖才能封閉，這個嘴尖很可能是上下喙合成的鳥嘴尖，所以在現存鳥頭形帽子的前端，還有鉚接的凸稜和固定鳥嘴的窗孔。有趣的是，這個規矩的圓孔，容易使人們想到現代的車床工具。假如這個敞開的長方形空洞所套接的不是鳥的嘴尖的話，那又可能是什麼器物呢？

孫華先生認爲，三星堆文化的藝術家設計的這件鳥形足的裝束，已經向我們暗示，這件銅人像裝束所模仿的應該是一種鳥。它頭上的帽子造型也應當是一種鳥頭，所以它才有鳥類獨有的垂冠。鳥足戴冠銅人像的雙足穿著繪有和繡有眼睛圖案跟雲雷紋的褲子，褲子的上端可以見到褲子的連襠，這與先秦時期中原地區的褲子只是兩條褲筒有所不同。褲子的下端與做成鳥爪模樣的鞋子相連，好像現在的連褲襪。整個鳥足戴冠銅人像、實際上表現的是一個裝扮成鳥模樣的銅人像。至於該銅人像雙足下踩著的，兩隻後尾已經化成雲氣的大鳥，則蘊含有踏著飛鳥或雲氣之類的東西升騰的意義。這或許就是張光直先生提到的，古代物事往來於天地人神之間所憑藉的坐騎「蛟」。後來娛神和娛樂所使用的高蹺，大概就是由此而來。

三星堆王國的統治者希望與太陽神發生聯繫，他們便像黃河下游的古族那樣，選中一個仲介物，那就是——飛翔的鳥。三星堆王族用鳥作爲自己的名稱和徽號，於是他們的神職人員也要時常打扮成鳥的樣子與神交往。他們將這種通神的願望用製造器物的方式表達出來，用陶器，用石器，用玉器，直到用貴重的銅精心鑄造。那些藝術家們懷著追求不朽的欲望，以原始的旺盛的精力，完成了雷打不動的作品。他們將百分之百的興趣，傾注進千百件泥模之中，卻沒剩下一點兒興趣，給幾千年後的人們留一份答案。

一九八六年七月至九月之間，三星堆遺址異常熱鬧。這個安靜的村落像過節一樣，村民們興奮地看著一群又一群陌生的人物紛至沓來。這些來自省會或外鄉的人，一經到達就蹲在兩個坑裏，任憑酷熱與潮濕，只顧彎腰埋頭。他們小心地剝開黃土，於是，一件又一件奇怪的器物暴露出來。時間久了，這些人便同農民難以區分，他們打著赤腳，挽起褲腿，整天彎著腰，只是和農人做的是不一樣的活。兩個月來，巨大的收穫已經使考古者們亢奮不已。每一天，每一時刻，罕見的文物都會在現場激盪起一陣騷動。圍觀的人們，吃驚地望著考古者從長方形的土坑裏，端出形狀怪異的寶器。

這一天，好奇的人們聽說考古隊在坑中發現了一個「人」。爲有幸目睹一個「人」

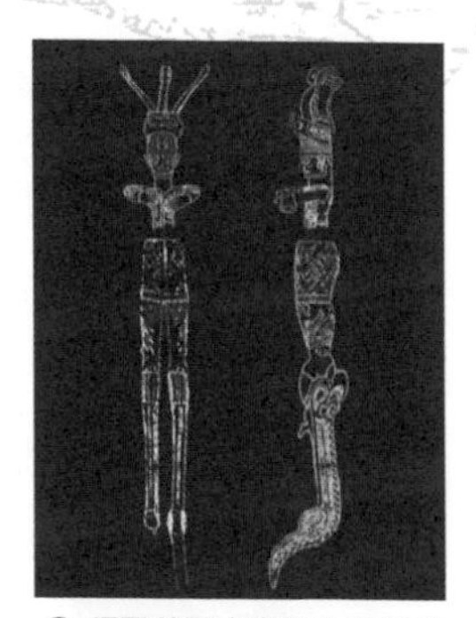

銅獸首冠人像與人身鳥爪形人像的復原圖

鳥腳人像

青銅大立人中分段澆鑄的痕跡　整體由立人像和台座兩大部分接鑄而成

青銅大立人手部　青銅大立人有一雙超過比例一倍以上的大手，平舉在正前方，為視角焦點的顯著位置

的復出，衆多的目光再一次聚集在這裏。當考古工作者將坑裏的人抬出來的時候，圍觀的人們簡直難以置信，因爲那個「人」是用銅製作的，考古學者稱它爲青銅大立人。這件青銅大立人被發現的時候，人們看到，它從中間斷爲兩截，腰部有明顯的被鈍器敲砸的痕跡。他的背部曾被重擊，打掉的四塊碎片，灑落在離人像身軀較遠的地方。人像冠的邊緣，被砸成捲曲狀，部分已殘缺無存，底座部分已經被打癟了。可以推想，當時擊打的力量是如何猛烈。

修復後的立人像，底座高八十釐米，人像高一百七十二釐米，冠高十釐米。人像與底座通高二百六十二釐米。人像是採用分段澆鑄，然後採用嵌鑄而成的。他的身軀上有兩座嵌鑄接縫，左右手臂上，各有一處嵌鑄接縫，左右足底有一鉚突與基柱臺面嵌鑄在一起。人像是中空的，出土時還存有泥

青銅大立人像 立人像頭戴蓮花狀（代表日神）的獸面紋和回字紋高冠，後腦勺上鑄有一凹痕，可能原有髮簪之類的飾物嵌於此。像高1.7米，底座0.9米，是中國內目前發現的最大一尊青銅立人像

心。立人像面部特徵爲高鼻、粗眉、大眼，眼睛呈斜豎狀，寬闊的嘴，大耳朵，耳垂上有一個穿孔，腦袋後端有髮髻線。立人像身軀瘦高，手臂和手粗大，很誇張。兩隻手呈抱握狀。

這尊奇特的青銅立人像代表的可能是誰呢？當年的發掘者陳顯丹先生認爲，它是一個政教合一的宗教領袖。段渝先生從立人像的體量推測，它是蜀王的象徵。

黃劍華：古蜀時代，它有一些跟中原還不太一樣的特點，它的體制是共主制，它的神權跟王權基本上是糅合在一起的。在古代蜀國，大巫師也往往就是部落的大首領，甚至是古蜀王國的國王。蜀王也就是群巫之長，或者是最大的巫師。

黃劍華先生是從當時可能採用的制度來推斷的。趙殿增先生從製造者選取材質的角度考慮，同樣認爲立人像在衆銅人像中，指揮著全局。

趙殿增：它全身都是銅的，其他的從人頭像來看，它的身子應該可能是木頭的或者是泥的，爲了表示它的等級，也可能爲了節約材料。但是唯一的全部做成銅的，這是第一個。它比較高，又站在一個高臺上，這個高臺本身就是一個通天地的祭台，臺子上又有四個大象頭，支撐著一個雲彩一樣的一個壇，方壇，上面好多鉤雲紋，象徵騰雲駕霧，一個神獸把它頂起，也有說是獸頭。但是你從側面犄角看，那是一個大象鼻子勾起來了，是四個大象。這種大象頭我在雲南傣族的祭祀活動中也看到過，它就叫多象頭，就是一個木墩子，用整個的象，有的是象頭，把它撐起來，有四個的，六個的、八個的，撐起來一個樹一樣的通天高臺，那就是祭台，家家都可以祭。所以這個是象頭的可能性更大。當然象也很神聖了，它赤腳站在上頭，所以這個巫師做法也要赤腳，通過它的身體，連接天和地，連接各種靈氣。所以你看後來，包括跳神的這個人，他都要赤腳，它都是這個意思。這不是一件寫實風格的雕像，從人物的骨骼上分析，它的軀體不符合正常人的比例。我們在世界的任何地方，都找不到長有這般軀體的人，也就是說這件雕像表現的，不是一般意義的人。

孫華：那麼粗大的手，那麼細的身體，那麼長的脖子，都沒法和現有的人種聯繫起來。也沒法和已經有過的人種聯繫起來。這一種不存在的人的造型，只能把它解釋爲，這是一種藝術的造型。

一種抽象，一種程式化的東西。這是古蜀人所喜歡的「人」的一種藝術形式。

這種全身青銅雕像，在中國是罕見的，它的出現顯得十分突然。於是有的學者在近東地區，尋找著這一特徵的淵源。美索不達米亞，在西元前三十世紀初便開始使用青銅製造雕像，在伊拉克穆蓋伊爾的烏爾古城，人們發現了西元前三十世紀初的青銅人頭像。在伊拉克摩蘇爾市尼尼微古城遺址，人們發現了阿卡德薩爾貢一世的大型青銅人頭雕像，各種青銅人物和動物雕像。在埃及孟菲斯，人們發現了第六王朝法老佩比一世及其王子的大小兩件一組的全身青銅雕像群。古代的愛琴文明，也有大量的青銅雕像。

三星堆青銅立人像的頭部，與同時期出土的青銅人頭的造型基本是一致的。由於擁有身體的雕像僅此一件，並且十分高大。有學者認爲，它代表的是一群巫師的長官，也有學者認爲，它代表的是一名大祭師。那麼立人像在使用的時候，會放置在哪一個位置呢？在現代人的許多想像空間裏，立人像的位置，是處在最高或中間的方位，以顯示出這尊神物的高貴與權威，這是現今的人，根據立人像巨大的體量和華麗的裝束得出的結論。面對這尊雕像時，人們疑問的目光，往往會落在那張誇張的大手上，這雙大得出奇的環握狀的手與身體的比例極不協調。

三星堆的藝術家，在進行泥塑創作的時候，曾經是如何思量的呢？立人像粗壯的臂膀，加上這雙巨大的手，曾經使得人體的中心

有前傾的趨勢，是粗壯的腿腳，與厚重的底座，使傾斜的重心得到了矯正，那麼這雙巨大的手裏面，原本是空空的嗎？如果不是，它可能把握著什麼東西呢？由於立人像的身分顯得格外突出，因此它手中持有的器物所象徵的含義，也一定非比尋常。人們從不同的角度觀察，發現這兩隻手握成的圓形並不是同心的，也就是說這尊大立人把握的器物，應該是兩件或者是一件彎曲的東西。那會是什麼東西呢？

據考古學家推測，三星堆古國大約在三千年前曾相當發達、繁榮，對周圍地區的影響半徑達到了一千米，並形成了一條聯接西亞地區波斯、埃及等國的通道。由於三星堆遺址出土了大量帶有不同地域特徵的祭祀用品，甚至有人認爲，三星堆古國曾一度是世界朝聖中心。

這一切是有可能的嗎？

<4> 西南絲綢之路

有的學者認爲，立人像手中握著的應該是琮。玉琮是一種極富地方特色的玉器，流行於五千年前中國東南地區的良渚文化中。琮是原始宗教中溝通天地的神器，玉琮是良渚文化玉器中體積最大、製作及雕刻最精的玉器，琮體有圓筒柱狀和內圓外方形柱狀兩種，體中部上下貫通一孔，孔徑大小不一，琮體分節，節數不等，最多可達十餘節。每件琮都雕有神人獸面像，只是繁簡程度不一。一九二九年，在離三星堆不遠的月亮灣，就發現過這樣的器物。

陝西省寶雞市虢國墓地出土的兩件銅人，也許可以作爲立人像的一種參照。強國是與四川盆地的古國關係異常密切的國家，而這兩個銅人的身分，應該也是神職人員。他們的雙手也是異常發達，與三星堆大立人的手形極爲相似。假如他們手中握有東西的話，顯然應該是兩件。沈常周和孫華先生認爲，強國銅人，與三星堆立人像手中握著的東西，可能就是玉琮。

那麼立人像的手握著的會不會只是一件東西呢？

段渝：我猜測他是拿象牙，這裏有一些證據。因爲本身在三星堆祭祀坑裏面就出土了六、七十隻象牙，加上大立人的基座，基座的四面有獸頭，那個獸頭就是象頭。它站在象頭之上，手中拿象牙，很符合它整體的意識形態，所以我猜測它是拿象牙。

澳大利亞學者諾埃爾巴那德認爲，立像雙手的位置，幾乎不可能抓住像琮這樣外方內圓的物體，由於上方的一隻手握成孔的直徑要大一些，又因爲雙手的位置，清楚地表明，所執物體必須有一定的彎度，所以他推測，立人像雙手中的物體，可能是一支牙尖向下的象牙。

如果他手中握著的就是象牙，那麼雙手握象牙的含義又是什麼呢？江玉祥先生認爲，三星堆一二號坑出土的象牙，不大可能是祭品。很可能是作爲「厭勝」的靈物而埋入坑中的。所謂「厭勝」，是以詛咒來制服人與物的巫術，厭勝的物體，就是充當避邪的物體。

陳顯丹：這個二號坑，它剛剛揭出來的時候，有很多象牙在上面，它第一層就鋪了六十多枚象牙。有三十多頭大象被殺

»»» 天·工·開·物 »»»

金文

中國古漢字一種書體的名稱。商、西周、春秋、戰國時期銅器上銘文字體的總稱。金文出現在商代中期，資料雖不多，年代比殷墟甲骨文早。金文下限斷在秦滅六國，也就是秦用小篆統一中國文字時。先秦文字資料不限於金文，而金文終究是主要的，它反映秦用小篆統一文字前一千多年間中國文字發展變化的基本情況。

了之後，才有這麼多象牙。

二○○一年，成都市考古研究所在成都金沙遺址發現的象牙數量，比三星堆遺址發現的六十多隻還要多得多。經測定，這些象牙源自亞洲象。那麼在遠古的時候，四川地區是否有大量的象群出沒呢？

銅人面具

段渝 ：如此巨量的象牙，在成都平原、在四川盆地要多少隻象，要多大的象群，才能有這麼多象牙？我認爲它不可能是完全產於四川盆地，至少有相當部分是從南方來的。也就是從雲南，乃至於雲南以南以西的印度、南亞地區過來的。因爲三星堆的象，經鑒定是亞洲象，亞洲象的原產地就是印度。我們從歷史文獻來看，到東漢的時候，印度向我們中國進貢象牙，還被我們王朝認爲是件很大的事，就是說明我們那個時候很缺乏象牙。

如果立人像手中握的不是象牙，那又是什麼呢？錢玉趾先生認爲，立人像應該是古蜀人的宗教首領像，銅像雙手所握的，是類似彝族巫師的法具神筒。

錢玉趾：我認爲它是跟彝族先民的宗教信仰有關係。彝族裏面有神筒，神筒裏面裝著的是籤，它分下面一部分，上面一部分，用兩隻手，一隻手抓著下面那部分，另外一隻手抓著上面那部分。

這個籤筒是屬於竹製的，或者是木頭的。被燒了以後，就不存在了，所以留了兩隻空的手的形態在那裏。

孫華先生分析說，立人像的衣冠飾件均爲青銅鑄就，如果他雙手果眞要持通天柱，或神筒柱這些法器，那也應該由青銅鑄造才是，不應偏偏是這個物件要拿木頭或竹子來製作。那麼這雙手裏面，會不會本來什麼都沒有，他的手形本身自有其含義呢？

陳顯丹：我認爲它還是作爲一種手勢，他的手裏面並沒有拿東西，好像我們說巫師在比劃，在說法和作法的時候，手的動作，就是在不停地比劃的。

趙殿增先生從三星堆的許多器物中，歸納出奇特的手的造型。他認爲，這是當時三星堆的人像的一個特點。所有人物的手都特別大、特別突出。除了這個大人像以外，還有一些小的人像的手也格外突出，比如鳥足戴冠銅人像的手。另外在三星堆的一件玉璋上，刻劃有人像，每個人的手或是拇指相對，雙手抱拳，或者兩隻手都插在腰間。更神奇的是，在一件玉璋上，有一隻巨大的人手從天而降，大拇指按在一個山的側面。

趙殿增：我覺得它跟佛教後來的手意，應該有一定的關係，佛教的前身就是印度教。印度教是有很多形體語言的，其中手的動作很多，像印度舞蹈，現在還是很多手的動作，都是一種預神哪，預人哪，或者是表示一種觀點。三星堆這種人手的各種形狀，我數了有七、八種，這七、八種呢，應該都是一種崇拜物。一種手的這種手勢，來做一種形體語言，來敬神，來表示預見，來表達一種權威，甚至是手的崇拜，也是一種英雄崇拜的表現形式。到底是拿什麼，從這個意義上來講它

歷·史·典·故

「炮烙」之樂

紂王的寵妃妲己妖媚無比，卻極殘忍，常以對人的百般迫害爲樂。紂王爲討好她，就千方百計變著法害人。紂王製造了一種叫「炮烙」的刑罰，就是在銅柱子上塗了油，橫放在燒紅的炭火上，讓犯了罪的人赤足在上面走。又燙又光的銅柱使走在上面的人搖搖擺擺、劇痛難忍，有的能勉強走上多步，有的剛走幾步就摔下去，摔到炭火裏，燒得皮焦肉綻。紂王和妲己看著經受「炮烙」之刑的人掙扎翻騰，開心不已，妲己常會因此大笑不止。

中·外·名·人

■召公奭

（生卒年不詳）姬姓，武王滅商後封於燕。初建都於今北京房山區董家林一帶，後遷薊（今北京城西南），這裏臨近戎狄，爲周的東北邊區。

■所羅門

（Solomen，生卒年不詳）大衛之子。約前九七二—前九三二年在位。他繼續同推羅結盟，還同埃及友好，積極發展海外貿易。鞏固君主專制統治，國勢達到鼎盛。死後以色列—猶太王國分裂。

又不重要了，就是說它可能拿著各種各樣的東西，也可能是拿某一種特定的東西。那麼現在我們看來，是不是有證據呢？也有，就在我們這個小人的上邊，發現他手上這麼舉起，中間是有東西的，是一個什麼東西呢，是一個像彎曲的藤狀樹枝一樣的東西，彎彎曲曲的，在他的手上彎曲的，然後在下面，還有一個像雲彩一樣的，鉤雲紋的一種裝飾，變成爲雲紋，也有的像蛇，但是這肯定是一個祭神的祭器，因爲它在神壇的中間，有四個人站在四個方向，手上都拿著這樣的東西。

從立人像同期出土的其他人像上，也能看到雙手環握的手形。二〇〇一年，從成都金沙村出土的銅人像，也有一雙類似的手。這些手形究竟是握著什麼東西，或者說這個手形究竟意味著什麼，至今沒有準確的答案。這個謎底，也許直到二〇八六年也沒有解答，就像世界上很多古代的器物一樣，之所以有趣，就因爲我們不知道它是什麼東西。

考古學家在阿爾卑斯山以北發現了許多這樣的器物，它是一個五角十二面的青銅器，每一個面的中心有一個圓孔，大小不同，內部是空的。由這些器物所處的地域，說明它們來自羅馬，問題是它是什麼東西呢？考古學家的意見是不一致的。有人說它不過是個玩具。有人說，它是一枚測定運氣的骰子。有人說，它是測量圓錐體的教具。還有人認爲，它是一個蠟燭台。德國人希拉姆決定向所有喜歡動腦筋的人徵詢意見，於是他收到了來自全世界的一百多個答案，回答問題的人有專家，也有普通人。有一個答案看來比較可信，認爲它是一件樂器，但這個答案依然是可疑的。

再回到謎一般的三星堆，大立人被認爲是權力至高者的另一個理由，是他那套華麗的服裝。有關他的服飾，學者們首先在其衣服的左右衽上，有著不同的看法。所謂右衽衣，是指衣服領子的開口在右側，簡稱右衽。至少在西周以前，中原人認爲，一些少數民族的衣領是左衽的。三星堆大立人的衣領是怎麼開的呢？陳德安先生的看法是，大立人像穿有窄袖及半臂式三件右衽套裝上衣，最外層，爲較長的只有右手衣袖的短袖衣。中衣較外衣略短，爲對稱的右衽半袖衣，衣服的領口前後均挖做V字形。內衣最長爲長袖長衣，其前裾稍短且直，後裾較長，且兩角下垂到腳踝。但有學者認爲，大立人的內衣，是「左衽長袖深衣」，或「左衽長襟衣」。

段渝：我們從文獻裏面看，「蜀人左衽」，意思是穿衣服從左邊開口，那麼青銅大立人就是左邊開口，所以能夠肯定他是蜀人。

而王孖、王亞蓉的看法是，大立人像的內衣爲左衽的看法是不正確的。從衣服的形式上看，大立人的外衣前襟向左，容易給人以左衽的假象。所謂衣裳，是分爲披裹在人體上身的衣服，和遮避下體的裙子。傳說中大約五千年前的堯舜時期，中國先民開始用植物纖維製成上衣、下裳。《周易．繫辭下》說「上衣下裳」的形制，是取天意乾坤而定，是神聖的。在西周以前的服裝，不分男女，一律是上下兩截，上身爲衣，下身爲裳。到了春秋戰國，出現了一種服裝，即將上衣下裳合成一件，連成一體，叫做深衣。

孫華：至於那個最大的，銅立人的服裝，有的研究者已經指出，它不是普通的服裝，它是一種古老的法服，祭祀時穿戴的一種，非常古老的服裝。它分三層，外衣、中衣、內衣。其中有一層就是前後兩塊布。就是像燕尾的那一層，所以它的服裝很複雜。 而那個銅立人的服裝，是一種特殊的服裝，不是三星堆人普遍的服裝。

大立人的服裝非常講究，證明當時的紡織工藝已經十分發達。沈從文先生說，若從殷商時期，高級絲綢的生產和絲綢技術的成熟水準來推論，在殷商之前，必然會有一個較長的發展過程，其時間至少應在新石器時代的中晚期，是合乎邏輯的。

古蜀人飼養桑蠶，並以蠶絲製作絲綢的歷史，可以追溯到西元

青銅小人像 高13.3釐米，頭戴平頂雙角冠。粗眉大眼，高鼻樑，大嘴，嘴角下勾，雲形紋耳。身著對襟長服，腰束帶二周。雙手撫按腹部，下體微側，左腿蹲屈，右腿單膝跪地，兩腳赤裸

前二千六百年的新石器時代末期，他們可能是世界上最早穿上布衣的人群。段渝先生認爲，蜀山氏到蠶叢氏轉變的過程，也就是古蜀人初步完成了蠶桑、絲綢的早期起源階段，進入了發展傳播的階段。蜀錦，古稱錦緞，也叫做錦繡船，同文正先生認爲，蜀布就是同華布，而任乃強先生認爲，蜀布應該是苧麻布，其性能優良，所以能暢銷於身毒國，身毒國是印度河流域古國名，爲中國對印度最早的譯名。

西元前一二二年，探險家張騫出使西域時，曾經在大夏，也就是今天的阿富汗北部，看到了來自身毒國的蜀布和邛竹杖。當地的人告訴他，大夏距離中國西南一萬二千里，而身毒又在大夏東南幾千里，因此張騫推測，既然身毒有四川生產的貨物，那麼身毒國可能距離蜀地並不遙遠。

李約瑟在《中國科學技術史》裏寫道，張騫事實上已經清楚地知道，在四川和印度之間，通過雲南和緬甸或印度阿薩姆有一條商路。張騫回到長安後，將自己的發現與推測報告給漢武帝。當時西漢正處於國力鼎盛時期，擴張的欲望促使漢武帝急需一條比西北絲綢之路更安全的商道。

段渝：這條路線應該是很早就存在的。但是，蜀人建立這條國際交通線，並不是說有意建立這爲一條國際交通線，因爲當時也無所謂「國際」這一說法。因爲他們當時只是想獲得南方的銅料和印度洋的貝殼，要想從這條路上引進近東文明的一些因素，它就所謂「自然形成」了這麼一條道路。

江玉祥先生推測，這條古道的四川至雲南段有兩個途徑。一條叫做「古金牛道」，也就是漢「靈關道」，是從成都出發，經雙流、新津、邛崍、名山、雅安、榮經、漢源、越西、喜德、冕寧、西昌到達會理，折向西南，渡過金沙江，經攀枝花至雲南大姚，最後到達大理地區。另一條途徑是從成都出發，沿岷江而下，經彭山，樂山，犍爲至宜賓，再沿「秦五尺道」南行，經高縣、筠連，向西折入橫江河谷，經豆沙關、大關、昭通、曲靖抵達昆明，再至大理。

從大理出發，經緬甸到印度的道路有三條。一條是從大理出發，進入緬甸，越過阿拉干山，到達印度盧姆丁，再經孟加拉國伯格拉，至印度恆河平原。第二條，是從大理出發，渡過伊洛瓦底江、欽敦江，翻越那加山，至阿薩姆邦、高哈蒂，西南行至孟加拉國伯格拉，與前一條路會合，第三條路是從大理出發，經幹崖（今盈江）到達緬甸的八莫，再有兩條至印度的途徑。

或許三星堆王國的一些商人，就曾經沿著以上的一些道路行走，而他們出發與歸來之間的時間、距離，又會是怎樣呢？

段渝：如果說直接有蜀屬的商人往來的話，那在那個時候，是不太可能的。可能是一種間接的，傳遞式的一種交流。當然我們也不排除有這樣的商人，他把四川的東西通過這條路帶到印度去。印度人通過這條路，把他們的東西帶過來，也不排除這樣的可能性。

印度學者哈拉普拉薩德瑞在題爲《從中國至印度的南方絲綢之路》一文中說道，大約在西元前第四世紀，中國與印度

»»» 天·工·開·物 »»»

織錦

用染好顏色的彩色經緯線，經提花、織造工藝織出圖案的織物。中國絲織提花技術起源久遠。早在殷商時代中國已有絲織物。周代絲織物中出現織錦，花紋五色燦爛，技藝臻於成熟。二十世紀六〇年代以來，中國織錦在繼承、發揚傳統織錦的基礎上，恢復了雲錦的妝花錦和蜀錦的浣花錦、錦上添花錦、八答暈錦，並生產了窗簾、沙發套、枕套、被面、台毯、靠墊、床罩、提包、民族服裝用料等新品種。

銅跪坐人像側面

已經有非常密切的商業關係。那時，地處今雲南西部的昆明部落各民族，由於世俗的興趣，正常情況下不會反對商人進入他們的領地，但肯定會阻擋外部統治者及其武裝士兵，這就是爲什麼那時的道路，對漢武帝的使團是封閉的。而販運蜀布和邛竹杖的四川商人，卻能暢通的原因。四川商人的商品，很早就流通到了中國的首都，不然張騫怎麼能認識蜀布和邛竹杖呢？

當張騫將自己對南方絲綢之路的發現報告漢武帝後，具有雄才大略而又好大喜功的漢武帝聽後十分驚喜，決心不惜一切代價打通從西南到印度的官道，由官方參與商業貿易，擴大疆土。武帝即封張騫爲博望侯，命其以蜀郡（治所在今成都）、犍爲郡（治所在今宜賓西南）爲據點，派遣四路秘密使者，分頭探索通往印度的道路，但都遭到西南少數民族的阻攔未獲成功。武帝又從內地廣徵士卒，舉兵攻打夜郎、滇等國及許多被稱爲「西南夷」的部落。但由於封建統治者造成的民族隔閡太深，以及當地昆明、雋等族的頭人酋長爲了壟斷豐厚的過境貿易而拼死抵抗，歷經十餘年，結果僅打通了從成都到洱海地區的道路，官方使者未能超過大理至保山一帶（即當時「昆明」部落的地盤），只能通過各部族作仲介與印度商人間接貿易。到了東漢明帝永平十二年（西元六十九年），今保山一帶的哀牢人內附、東漢王朝「始通博南山、渡瀾滄水」，滇緬通道才算打通了，並與緬甸的撣族有了經濟文化來往，又通過緬甸進入了印度。漢武帝孜孜以求的「通蜀，身毒國道」才算全線暢通。

銅跪坐人像背面 該像寬臉方頤，耳垂穿孔，齜牙咧嘴，神態嚴肅。上身穿長袖短衫，腰間繫帶兩周。下身著犢鼻褌，腳上套襪，手腕帶鐲，雙手扶膝，坐姿

我們今天難以完整地看到遠古時期的紡織品了，它們不易保存早已朽破。三星堆大立人，是由青銅鑄造的，所以完好地保持了服裝的款式，它的服裝類似後來中原地區周人貴族，在朝拜、祭典，喪葬等儀式活動使用的古制的禮服，說明它模仿的人，具有相當崇高的地位。三星堆的藝術家爲立人像設計這套服裝時，對穿衣者的身分顯然是有所指的。在三星堆人像中有一類服裝是最常見的，它的樣子是無領的，肩部與衽部連接處，弧形圓轉。開衽在身體前方的正中位置，腰部一律帶約束，這種衣服的樣子好像是後來的對襟衣。鳥冠銅人像、千獸銅人像、跪坐銅人像、銅樹坐跪姿人像、半跪銅人像的服裝都屬於這一類衣服，這可能是三星堆人的日常服或通常的禮服。另一種服裝是比較特別的，僅見於這件跪坐人像。跪坐人像的形態比較醜陋，顯露著兇惡的表情。穿的是一件右衽短衣，衣服沒有領子，前方衣襟交錯。衽部呈窄短的三角形，腰間束有寬帶，身後一條寬布帶從腰帶下到襠部，它的下身穿的是一件犢鼻一類的服裝，跪坐人像的服裝與中原地區的右衽短衣是一樣的。從安陽殷墟出土的石雕立人像的服裝上，我們能看到類似的地方。

三星堆跪坐人像的坐姿，是雙腿正跪，臀部坐在腳後跟上，雙手放在膝部。這種跪姿，與三星堆其他青銅人像的坐姿是有區別的，這是中原地區在商周時期，人們傳統的正規坐式。跪坐的習

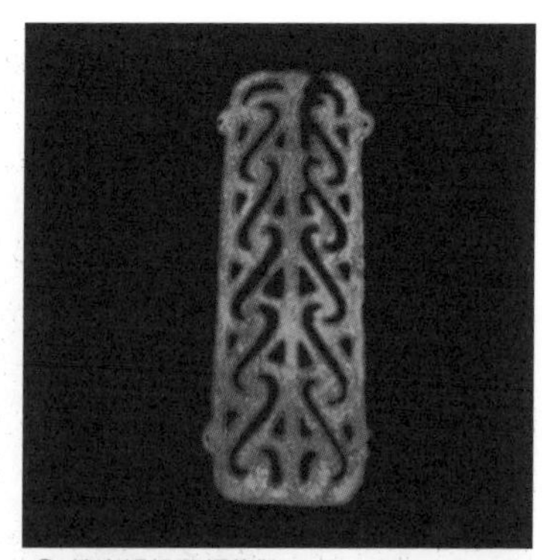
鑲嵌綠松石銅飾牌1

鑲嵌綠松石銅飾牌2

俗，一直到南北朝與唐代，還依然存在。當椅子還沒有傳入的時候，跪坐或席地而坐，是一種最常見的坐姿，在中國至少在漢代的時候，還沒有使用椅子。我們可以從歷史的材料中，看到跪坐的人們交談或用餐的情景。

椅子是隨著佛教的傳入引入中國的，從西元三六六年起，天竺佛國的大量高形家具傳入中國，華夏人席地而坐的起居方式逐漸被垂足端坐的方式取代。三星堆的藝術家，製作出這樣一個跪坐人物造型，其跪的本身可能並不是貶義，但可以看出他們別有用心的是跪坐人物的表情。藝術家們創造出大立人不可一世的姿態，與跪坐人像齜牙咧嘴的神情形成鮮明的對比。人們是否可以由此看出三星堆人面對中原人的強勢所具備的自信呢？

孫華先生認爲，跪坐人像與三星堆其他青銅人像的面部特徵、服裝樣式和坐的姿勢全然不同。它表現的應該不是三星堆社會的主流人群和基本人群，不能排除這是三星堆人故意取笑當時中原人的可能性。日本京都大學人文科學研究所的港村秀典認爲，青銅跪立人像可能就是中原殷人的形象。三星堆銅人的髮型有兩種，一種是後腦勺垂有髮辮，一種是前額及兩臂削平，後腦勺帶有髮笄的，髮笄與髮簪是同一物體的兩種稱呼，先秦時稱笄，秦漢以後稱簪。髮笄的用途有兩種，固定頭髮和固定帽冠。目前沒有爭議的最早的辮法史料，是河南殷墟出土的跪坐石頭人。梳辮這種習俗從產生以後，便在漢族及少數民族中流行。戰國以後，漢族男女改梳髮髻，而有些少數民族卻一直保持了留辮的習俗。

孫華：從那些銅像來看，這些不帶辮子而帶髮髻的人，好像從事的都是宗教活動。很多宗教活動，都是這些沒有辮子的人在那兒做。所以我們猜想，裏面這些沒有辮子的，很可能掌握著三星堆這個王國的宗教權力，而帶辮子的，很可能掌握著一種世俗的權力，但這兩者是並存的。

港村秀典認爲，從風俗上看，人頭像的辮子，是三星堆人主要的髮型，但是這種髮型，在殷墟時期的中原也有例子，出土於殷墟婦好墓的跪坐人物像，就是雕出短辮髮型。另一方面，三星堆二號坑出土的一件頭像頭頂上的環狀物，在殷墟時期的中原也能找到。他認爲無論如何，這種現象不僅反映了中原與三星堆之間的物質流通，同時也能看出通過風俗方面進行的直接的人的交流。

這樣，又一個疑問出現了——三星堆王國的人群，是一支純粹的本土人嗎？他們中會不會有一支外來的人群呢？如果是，那麼外來的人，可能是誰？他們來自哪裏？又爲什麼會來到這裏呢？

許多學者認爲，三星堆文化，是吸收了一些中原文化或近東文化的本土文化，三星堆的人們，是起源於四川西北岷江上游的人群，經過遷徙，最後根植於成都平原，建立了王國。現在有另一個觀點顛覆了以上的看法，那就是，在三星堆王國中，有一支來自中原的人群，具體地說，這群人，是來自中原二里頭王族中，東方的氏族。

二里頭文化，是中國青銅時代的文化。以河南省偃師縣二里頭村遺址命名。一九五九年，歷史學家徐旭生先生，在河南西部發現遺址，同年由中國科學院考古研究所發掘。據放射性碳素斷定，二里頭文化堆積的年代爲西元前一九〇〇年至西元前一五〇〇年。中

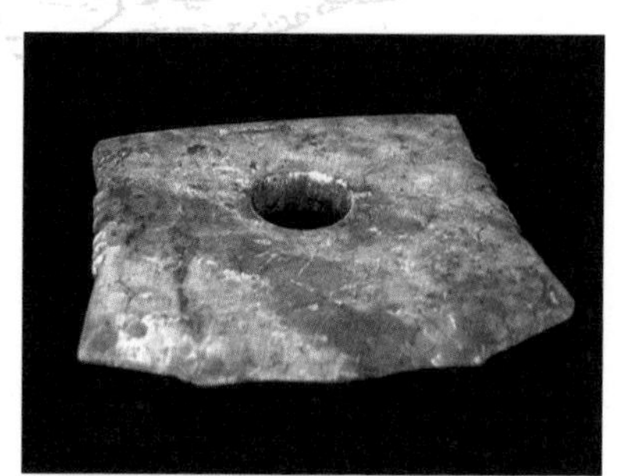
二里頭玉器之斧形器

國許多學者認爲，二里頭遺址是夏代晚期的一處都邑，二里頭文化就是夏代的文化。在三星堆王國裏有中原人的觀點，是以器物間的比較爲依據。也就是說，我們需要將三星堆的器物，與中原二里頭或東方古族的器物做一些比較。過去人們經常將三星堆神秘器物的謎團，在西亞和北非地區的文化中尋找答案。但令人詫異的是，三星堆文化中的許多器物，自始至終，存在著另一個文化的因素，二里頭文化，其中有許多器物值得關注。

有一種從三星堆遺址出土的器物，名爲「鑲嵌綠松石銅飾牌」，它們是在一九八七年於三星堆古城的北部偏東，一個叫倉包包的地方爲幾位磚廠的工人挖土時偶然發現的。銅飾牌的造型工藝很別致，在中國只有中原地區的河南偃師二里頭遺址出土過類似的器物。二里頭遺址的銅飾牌分別出土於一九八一年、一九八四年和一九八七年，其年代早於三星堆出土的銅飾牌，從銅牌的圖案與形狀分析，三星堆文化的銅飾牌是排列在二里頭文化之後的。它只可能是從二里頭文化中發展而來的，而不可能相反。銅飾牌，應該是懸掛在胸前，或繫在腰間的一種衣服的裝飾。

而服裝，往往是具有族別特徵的標誌物。我們判別一個人屬於何種民族，通常是從他的民族服裝入手的。

孫華：這種人的裝飾品，是一種重要的服飾，而服飾是判斷族屬的一個重要標誌，人們不會無緣無故穿別人的衣服，穿別的民族形式的衣服。

從一九二九年以來，三星堆遺址出土的玉石器中，斧形器顯得格外引人注目。僅三星堆兩個器物坑出土的斧形器就多達二十三件，而這種器物在黃河中下游地區的龍山時代就已經出現了，到了夏代的二里頭文化，斧形器更是重要的玉石禮器。三星堆的斧形器，幾乎具備了二里頭文化所有的種類，而年代晚於二里頭。這種傳承的關係，意味著什麼呢？

三星堆的陶器有許多種，與二里頭文化的陶器極其相似。在這些頗具特色的陶器中，數量最多，沿用最久的，是袋足封口陶，儘管它在造型上，有其自身的演變，但還是二里頭文化傳播的產物。從這種傳播的現象中，我們能發現什麼呢？

三星堆文化與二里頭文化一致性的器物，是不是在明確地向我們傳遞出一個信息。那些眾多的，形態各異的眼睛象徵物，並非來自三星堆當地的原始文化，而是來自於中原的二里頭文化。現在的一個推斷是，在夏代的某個時期，曾經有一支人群，他們穿越了湖北江漢地區和渝東峽江，來到了成都平原。成爲三星堆王國中，佔據統治地位的士族。這個推斷，隨即引出來一段遠古的傳說。

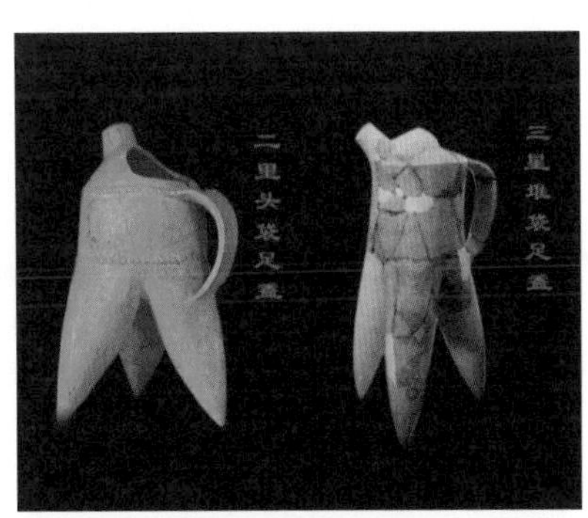

二里頭袋足與三星堆袋足之對比

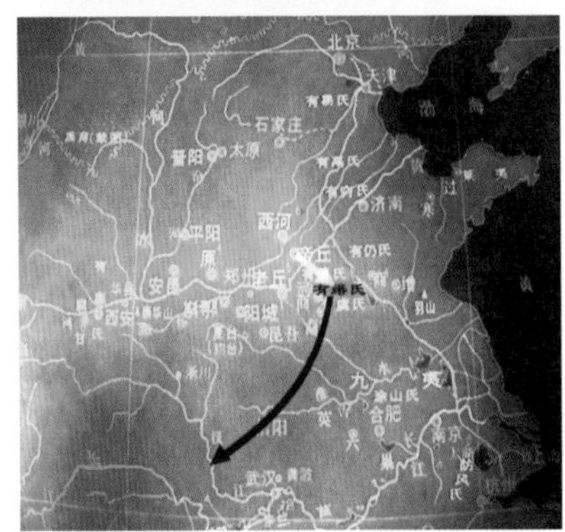

有緡氏 白劍的《文明的母地》一書認為，三星堆的主人是夏末商初山東泰山的有緡氏，不滿夏桀的暴政，西逃四川

在夏代時期，有一支與夏國君王聯姻的部族，名叫有緡氏，《漢書．地理志》記載，有緡氏部族，大約活動在今天的山東省金相縣的位置。《左

傳．昭公十一年》記載夏桀曾以武力攻擊有緡氏，有緡氏不堪忍受夏桀的暴政，集體逃離。在《楚辭．天問》裏，就有關於夏國的軍隊追殺有緡氏部族的記述。孫華先生認爲，蜀人最初興起於黃河下游的山東西部，到了夏代以後，生活在山東西部的蜀人已經離開了故地。他們中間的一支人群，遷徙到今河南省西南部；而另一支人群，則遷徙到更爲遙遠的陝西南部，乃至四川的成都平原。固定在成都平原的這支人群，後來參加了協助西周滅商的戰役，他們就是《華陽國志．蜀王本紀》中記載的蜀。

孫華：我以前曾經提出過這樣一種猜想，是根據傳說和文獻提出的，就是四川的古族中間，有一支曾經是來自山東的有緡氏，這個有緡氏是和夏王朝有通婚關係的這樣一個，很有名的古族。我們考慮到，有緡、岷山、岷江，還有汶水、蜀這樣一系列的名稱，提出了這樣一種推測，但是它究竟是不是準確，由於我們所依據的都是一些傳說和後世的文獻，沒有直接的考古證據，這個不能做結論，只能作爲一種假說。

那麼，這支從遙遠的東方遷徙而來的人群，即便是兩手空空，也一定傳承著根深蒂固的東方文化，存留著故土的生活情節。他們積累的經驗與技藝，在三星堆文化中不可能無所作爲。這也許就是爲什麼我們能在三星堆的器物中，發現衆多的東方古族的信息。在此，有關蜀人起源的猜想，發生了變化。當我們將探究的目光，沿著四川的岷江，溯水而上，企圖發現古代的蜀人是如何在岷山興起，並如何溯江而下的時候，一個別樣的假設，可能是顛覆性的。

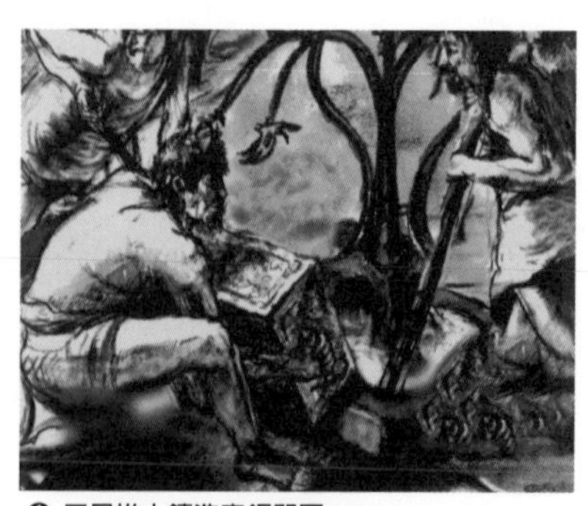

三星堆人鑄造青銅器圖

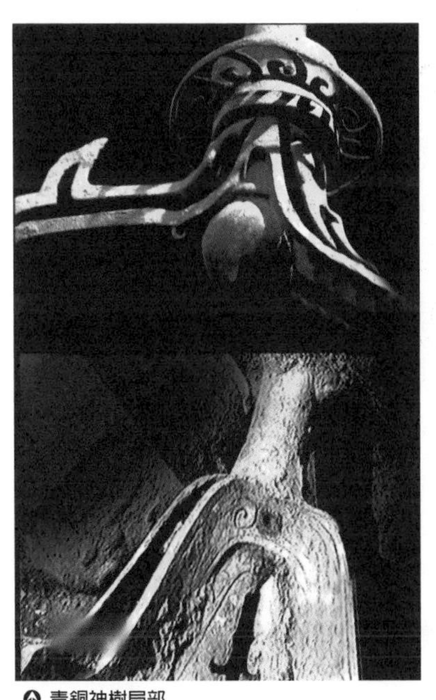
青銅神樹局部

<5> 通天神樹

大約在三千年以前，三星堆的工匠們進行了一項偉大的工程，複雜的項目中包括製造許多棵青銅樹，耗資之大足以傷及國力。當一件又一件器物面世的時候，三星堆的人們相信，他們祭祀的場所一定是世界的中心。當神聖的樹木聳立起來的時候，膜拜的人們實現了天與地的溝通。我們無法測知，那些堅實的樹幹和傲然的自信，曾屹立過多長時間，只能在古代典籍中，捕風捉影，尋求蹤跡。直到有一天，人們揭開堅硬的土壤，重新拼接起斷裂的零件，才彷彿找到了一把破解神話的鑰匙，而眞實的答案，可能已經離我們遠去。

西元一九八六年八月，四川省的考古工作者，在三星堆二號器物坑，發現了六件由青銅製作的樹木，發掘者將其命名爲一至六號青銅神樹。青銅神樹被埋葬的時候經歷過人爲的損毀，衆多斷裂的零件，或散亂地丟棄在坑中，或蕩然無存。以致於人們在重新修復它們時，僅能比較完好地恢復一件，即一號大銅樹。經過修復的一號大銅樹殘高三百九十六釐米，由於最上端的零件已經缺失，估計全部高度，應該在五米左右。樹的下部，有一個圓形底座，三道根狀的斜撐扶持著樹幹的底部。樹幹筆直由多節套結拼合而成，樹幹上套有三層樹枝，每一層伸出三根枝條，全樹共有九根樹枝。第一層樹枝靠近根部，第二層樹枝在樹幹的中段，第三層樹枝靠近樹尖。

樹尖下，有一鏤空漩渦大圓圈，第二、三層樹枝下的樹幹上，也鑄有鏤空的漩渦紋大圓圈。

一號大銅樹細部 作為土地之神的「社樹」，又成為本土本族的保護神、社稷神。三星堆的「樹崇拜」，是各種自然崇拜觀念的昇華和結晶，以一種獨特的方式表達出對自然萬物進行崇拜的原始宗教觀念

銅樹上所有的樹枝都像柳樹一樣柔和地下垂，各層樹枝的形態大致相同，都是從枝條的中部伸出短枝。短枝上有鏤空花紋的小圓圈和花蕾，花蕾上各有一支昂首翹尾的小鳥，每條主枝的枝頭，也有鏤空花紋的小圓圈，枝頭有包裹在一長一短兩個鏤空樹葉內的尖桃形果實。在每層三根枝條中，都有一根分出兩條長枝。在樹幹的一側，有四個橫向的短樑，將一條身體倒垂的龍，固定在樹幹上。龍的頭部上昂，前足支撐在底座上，頸部有短刺，身體如粗大的繩索，尾部已經殘缺。

一九八七年七月時，在河南濮陽市郊西水坡仰韶文化遺址的墓葬中，發掘出用蚌殼砌塑成的龍、虎等形象，一條龍的形象是以貝殼組成的，龍長2.5米左右，周身龍鱗結絡；面形長如馬，有足，足生五爪。在這座墓中人們共發現三條這樣的龍，距今約有六、七千年，很多考古專家和學者一致認爲，這是中國歷史上最早的龍的形象，被稱爲「中華第一龍」。

三星堆的二號銅樹僅保留著下半段，整體形態不明，下面委以圓盤底座，三條象徵樹根的斜撐之間的底座上，各跪有一人，人像的雙手前伸，似乎原先拿著什麼東西。能夠復原的樹幹，每層伸出三根樹枝，枝頭有一長一短葉片包裹的花蕾，其後套有小圓圈，這與一號大銅樹基本相同。但二號銅樹枝條的主體外張並且上翹，鳥歇息在枝頭花蕾的葉片上，這不同於一號大銅樹。考古工作者在修復大銅樹的時候，耗費了許多精力。楊小烏、陳顯丹等許多人，是銅樹的修復者。

陳顯丹：我們今天再看到的這棵神樹，它的內部有鋼管或銅管來加固，爲什麼呢，因爲它自己撐不起來了，它經歷了多少年，又被火燒過，被敲打過。我們在裏邊，加了一個隱蔽的支撐，使它能夠固定，能夠站立起來。棲息在一號銅樹上的九隻鳥，有一個奇怪的現象，它們的翅膀都被人爲地折斷並且丟失，沒有一個完整的形態。唯一保存了翅膀的鳥，在二號神樹上只有一隻，大概是在損毀的時候，偶然留下來的吧。令精心製作的鳥喪失飛翔的形態，是出於什麼動機呢？這是一個謎。

這兩棵大銅樹，體形巨大，尤其是一號大銅樹上，還有龍盤著，它應當不是普通的樹木，而是具有某種神性的神樹。人們修復它的過程，也就是重新翻閱古書典籍的過程。神樹在中國的古代神話傳說中，不只一種，例如建木、扶桑、若木、三桑、陶都等。在三星堆祭祀坑沒有發現以前，人們由於見不到實物，所以無法證

歷·史·典·故

姜太公釣魚

民間有句歇後語：「姜太公釣魚——願者上鉤。」說的是商朝末年，姜尚在渭水邊直鉤垂釣的故事。當時渭水流域的古老部落周已很強盛，主政的姬昌即周文王是一個能幹的政治家，且善結才俊之士。一天文王外出打獵，看見一個鬚髮斑白的老人直鉤垂釣於渭水岸邊，而且魚鉤遠離水面不說，鉤上沒餌，老人卻念念有詞地叨咕著：「快上鉤呀！願上鉤的快來上鉤啊！」這一情景引起文王好奇，就過去與老人攀談，不談則已，一談方知老人非凡人可比，乃治國安邦之才。這老人就是民間常提起的姜子牙。姜子牙果然不負文王重望，輔佐文王拓土開疆，爲周滅商打下了堅實的基礎。

中·外·名·人

■周厲王

（生卒年不詳）把王畿以內的山林川澤收歸王室控制，不許中小貴族利用，亦不准勞動人民進入樵採捕撈。厲王還派人監視對他不滿的人。一旦發現有「謗王」者，立即捉去殺死，以致「國人莫敢言，道路以目」。

■薩爾岡二世

（Sargon II，卒於西元前七〇五）亞述國王。前七二一年攻陷撒馬利亞，滅了以色列王國。

實神話中樹木的實際形象，古代文獻是這樣描述神樹所在的位置的：《山海經．海內經》寫道，「南海之內，黑水、青水之間，有木，青葉紫莖，玄華黃實，名曰建木，百仞無枝。」《淮南子．地形訓》寫道，「建木在都廣，衆帝所自上下，日中無景，呼而無響，蓋天地之中也」。《山海經．大荒東經》寫道，「大荒之中，有山名曰孽搖羝，上有扶木，柱三百里，其葉如芥，有谷曰溫源谷、湯谷。上有扶木，一日方至，一日方出，皆載於烏。」《山海經．大荒北經》寫道，「大荒之中有衡石山、九陰山、貼野之山，上有赤樹，青葉赤華，名曰若木。」《淮南子．地形訓》寫道，「若木在建木西，末有十日，其華照下地。」曾經在三星堆的天空中伸展的青銅樹，更接近以上的哪一種神樹呢？學者們對照相同的文獻，得出的卻是不同的解釋。於是人們企圖在古籍與神話之中尋求答案。

譚繼和：這些樹，應該說是古蜀人幻想成仙的一種上天的天梯。這種天梯是同太陽，所在的地方相連接的。在東方叫扶桑，在西方叫若木。古蜀人應該說，在成都平原上，向東拜，就拜扶桑這棵樹，向西拜，就拜若木這棵樹。

徐朝龍先生認爲，古蜀人對於東方的扶桑和西方若木，在地理位置上，應該是以自己的位置爲中心判斷的。一般認爲，古代都廣或者廣都，指的是現在以成都平原爲中心的川西平原。關於扶桑遠在東海的認識，原因在於中國神話的歷史變遷。即《大荒經》四篇，以及《南海經》一篇最古老的記載。而《海外東經》，是戰國時代中期以後才出現的。當時扶桑的範圍，已經從有限的西方地區，擴大到實現統一的中國境內。所以它在人們的空間意識中，也向東移動。

於是，東方有日出的扶桑，西方有日落的若木。作爲記事和統一中國的寬大地理範圍，又符合自然現象的認識。東及扶桑，西及若木的傳說如此紮了根，後來日本的別稱扶桑，不過是這種變化的結果而已。而段渝先生認爲，三星堆發現的青銅神樹，可能是建木或者和建木有關。

段渝：我覺得從它的形態和它的功能和龍在上邊來看的話，它應該是建木。當然了，青銅樹上還有一些鳥，這個呢，按照一些學者的看法，可能和扶桑什麼有關係。不過我認爲，好像不是很合適說扶桑，因爲扶桑主要是在楚地，那個地方比較多。而楚國的建立，是在西周以後，商代還沒有楚國，所以拿後來的歷史來比附商代蜀國的歷史，可能不太合適。

孫華先生認爲，三星堆兩株高大的青銅神樹和宗教崇拜有關。其中一株，很可能是東方的扶桑，另一株很可能是西方的若木。既然扶桑若木的傳說很古老，爲什麼在中原卻不見青銅神樹呢？

孫華：我想這和宗教信仰體系不一樣。中原的夏代，我們情況不清楚。商代、西周、東周這些王朝吧，他們的宗教信仰，都是把祖宗崇拜放在一個非常的地位，而祖宗呢，他們是不鑄造形象的，他們只是做一個牌位。周人有的時候找一個孫子輩的小孩，作爲祭祀的對象，來代替祭祀祖先。他們從來不用青銅，或者用其他東西來雕刻、鑄造祖先神的形象，沒有這種傳統。而三星堆文化就不一樣了，它

»»» 歷·史·典·故 »»»

血流漂杵

杵是舂米或捶衣的木棒，較沉。血流可以漂杵，可見血流之多。這是歷史文獻中描述周武王伐紂的決定性戰役——牧野之戰的慘烈狀況。

西元前一〇四六年，周武王覺得商紂王已眾叛親離，就親自率五萬兵甲、三百輛戰車發兵攻商，並在誓師大會上宣誓不滅紂王絕不退兵。周的大軍一路所向披靡，很快打到離商都朝歌不遠的牧野。當時商紂王攻打徐州東夷，雖然獲勝，但元氣損傷嚴重，俘獲的大批俘虜難以消化。面對武王的討伐，紂王拼湊了七十萬大軍，其中大半是俘虜和奴隸，企圖以眾壓寡，滅武王於牧野。但紂王沒想到戰鋒乍起，奴隸和大批俘虜竟紛紛倒戈，配合勇武的周軍打商軍。戰果可想而知。周武王一舉滅了商朝。

»»» 中·外·名·人 »»»

■宣王

（生卒年不詳）在周公和召公的輔助下，首先整頓內政，安定社會秩序。進而對周邊的民族展開鬥爭。關於此事，史稱「宣王中興」。進行料民（人口普查）。

■希蘭一世

（Hiran I，生卒年不詳）腓尼基城邦推羅（Tyre，現今黎巴嫩之蘇爾Sur）的統治者（約前一〇〇〇—約前九六〇），在位期間大興土木，擴大並加固城市，進兵賽普勒斯，遠征非洲。

把祭祀的對象給鑄造出來了。

林向先生堅持認爲，三星堆神樹應該是建木，建木在古蜀文明的天下之中。

林向：河南、山東也發現了一些樹的模型，跟這個樣子是不一樣的，特點不一樣。因此我認爲，三星堆所發掘的青銅樹，跟以後的延元的樹片、貴州的樹墩、大理的白族，都是一個系統的，上面都有龍，龍跟樹結合起來，龍上面還有鳥，它都是表示這個地區對建木崇拜的表現。

三星堆的藝術家，在設計大銅樹的時候，還強調了一些細節。這些細節是從龍身上分支出來的小型零件，它們所傳達的視覺語彙對今天的人來說顯得神秘莫測。當時面對神樹膜拜的人們，對於這些符號性的造型和圖案，一定是心領神會的。三星堆的大銅樹，以樹的軀幹、鳥、花，和神樹枝上供人們想像的太陽，向我們展示了一個通天的主題。這些零件，是否是古蜀人對龍之造型的演變，它們會不會是對巨大神樹祭祀功能的一種注解呢？

由底座和樹身兩部分組成的青銅神樹，樹高3.48米，是目前世界上出土最大的青銅器

聖樹崇拜曾經是世界上廣泛存在的一種文化現象，並因此產生了異常豐富的關於聖樹崇拜的神話傳說以及風俗習慣。在初民的心目中，樹和人類一樣，都有生命。白族史詩《創世紀》第一部分「洪荒時代」描寫洪荒時代的景象說：洪荒時代，樹木會走路，石頭會走路，牛馬會說話，豬狗會說話，雞鴨會說話，飛鳥會說話，等等。恰是對此觀念的生動說明。同時，初民習見有些樹木年年落了舊葉，又換新葉，循環不已，其旺盛的生命力遠非人類所能企及。

有時，具有天然毒素的樹木更會讓初民中毒受傷，甚至死亡。於是，初民便認爲樹木都有超乎尋常的神秘力量存在。這些無疑都是聖樹觀念產生的基礎。對此，博爾尼《民俗學手冊》有全面的論述：「人類必然從最早的時代起就依賴草木供給食物、住所、燃料和衣著。在尋找可食植物和果子的過程中，他們還不可能熟悉那些具有毒素、麻醉或醫藥性質的其他植物。在需要、恐懼和神秘感之中，實際上不可能避免地產生神話和祭儀。因此，我們發現，在文明的較低階段，樹木和花草之作爲恐懼和崇拜的對象，幾乎超過了太陽、月亮、暴風雨、雷電、山脈和江河湖海。人們認爲它們是有感覺、意識和人格的東西；認爲其中某些種類有著內在的巫術的或超自然的性能和力量。因此產生了聖樹、樹神、樹木崇拜。」

羅傑·庫克在《生命樹》一書裏寫道，在遠古和古代世界，樹不僅代表對樹本身的崇拜，因爲它顯示出一種力量，所以還代表人們當時懼怕和崇拜的神聖力量。這種力量，顯示在宇宙中央和整個世界的光射線中，聖樹成了中央和宣布的化身時，就變成了宇宙之樹。按照自然發展規律，它代表著自始至終，宇宙再生的永恆。橡樹崇拜，是歐洲所有雅利安族人的習俗，古代日耳曼人，也把橡樹之神當做雷神，而且還認爲，它有強大的生育繁殖能力，可以降雨，使大地豐產。印度的青銅器生命之樹，樹根、樹幹、十四個枝頭，太陽花與太陽鳥，也是天地相和與繁衍力量的象徵。這棵樹的製造年代，晚於四川出土的漢代搖錢樹，但形態上卻和搖錢樹相近。

英國學者羅森在《古中國的秘密》一書中寫道，三星堆的青銅樹使用了貴重材料，即用青銅來鑄造，也許是暗示了它所表現的是人世以外的一個非物質的世界，因爲人世間的樹木是木頭的，不是青銅的。在中國上古時期的宇宙學說中，有蓋天、渾天說。在渾天說尙未形成以前，當時人們對於天地關係的理解，是地下、天上，天如同蓋子一樣蓋在地上，這就是所謂的蓋天說。陸思賢、李迪在《天文考古通論》中指出，對太陽最敏感的，莫過於鳥禽類。「金雞報曉」的歷史，在遠古時代可能早已發現了。

神話裏的金烏，即金鳥、陽鳥之意，而在大汶口文化的彩陶器上，正好有金鳥負日的形象。鳥背上一個太陽，太陽上面一道弧線，表示天穹。鳥翅和雙腿向後展開，表示正背負著太陽在空中飛行。當太陽與鳥聯繫起來以後，四方四時，也與某些動物聯繫了起來，這便是所謂的「四象」，即東方蒼龍，西方白虎，南方朱雀，北方玄武。再後來，這種四方四獸，又與天上的二十八宿聯繫起來，把天上的二十八宿，分組成四個不同的動物形象。

一九七八年，湖北隨縣擂鼓墩一號墓

»»» 歷·史·典·故 »»»

節約

古代馬具。爲細銅管製，有一字、十字、廿字、輪形等形狀，用以穿連固定馬絡頭、轡帶，使其保持固定的交叉狀。節約從商晚期開始出現，歷代沿用。

»»» 中·外·名·人 »»»

■周幽王

（生卒年不詳）西周末代君王。他生活靡爛，殘酷剝削人民，劫奪貴族財物，加劇了統治階級內部的矛盾。寵愛妃子褒姒，欲廢申后和太子宜臼。西元前七七一年，申后之父申侯聯合犬戎舉兵攻周。

■阿吉什提一世

（Argishtish I，生卒年不詳）烏拉爾圖國王（約前七八六—前七六四），長期對外作戰，向北擴張，興建大規模水利工程等。其事蹟在今凡城（Van）懸崖壁上的銘刻「霍霍爾編年史」有記載。

所出土的一件箱蓋上，繪有左龍右虎，中央一個大斗字，周圍環繞著二十八宿的名稱。李學勤先生將四方與四象觀念的起源，追溯到河南濮陽西水坡出土的，屬於仰韶文化的四十五號墓中的龍虎蚌塑像圖。他指出，墓主人頭向南，龍形在東，虎形在西，便和青龍白虎的方位完全相合，至於墓主人足下的三角形，方向是正北，我們不妨猜想，是代表地心。

靳之林先生在《生命之樹》中寫道，原始哲學的天道觀，在七千年前，母系氏族社會晚期的原始社會已經形成。對中國哲學的發展，有深遠的影響，並無孔不入地滲入中國民族文化的各個方面，而起源就是河姆渡人。這個華冠華蓋符號，是一個通天通神的符號，已經作爲河姆渡人的群體文化意識符號廣泛流行。這個符號，也作爲人死後，靈魂升遷的通天通神的生命永生符號。河姆渡人，乃至整個人類的太陽崇拜及鳥崇拜，以及生命之樹崇拜，都統一於對天崇拜的哲學觀念，形成無孔不入的通天觀。從河姆渡文化到大汶口文化，從長江下游到黃河下游，從山東半島，遼東半島，到朝鮮半島東部沿海廣大地域，原始氏族部落的天與太陽崇拜，鳥圖騰崇拜，與生命之樹，生命之花，太陽花崇拜，是三位一體，合而爲一的。

三星堆文化和三星堆社會尊崇太陽的特徵，直接表現在青銅器物上。在三星堆文化二號器物坑中，有一種類似車輪的圓形銅器，它是三星堆銅器中最令人費解的幾件器物之一，根據殘片辨認，這些輪形銅器中，屬於六個個體，其中可以修復的兩件，直徑達八十五釐米左右。這些輪形銅器的背後是空敞的，器物的壁也比較輕薄，中心和周圍，還有可以用釘子固定的窗孔。有關輪形銅器的功能和寓意，學者們有著不同的解釋。

最初的發掘報告，稱其爲車輪，但是至今爲止，在四川商代考古材料中，還沒有發現馬的骨骼。中國馬車的普遍使用，是在商代後期的殷墟階段，四川盆地直到戰國時期，也不見馬車或青銅車馬器的出土。從輪形銅器的構造來看，作爲車輪的使用，或作爲車輪裝飾，都不可能。所以車輪的猜測，可以排除。林向先生認爲，輪形銅器應該是一種純粹的裝飾物。

林向：說它是舞蹈的一種，進行法術的時候，進行一種儀式的時候，戈舞的一種法器，這樣子比較準確。因爲它上面的花紋，可以表示太陽，或其他意思，有種種不同的解釋，但是不能否定這種判斷。

第三種解釋是，輪形銅器象徵太陽輪。英國學者羅森認爲，輪形器是常設在神廟中的神器，或者是用於某種祭祀儀式時釘掛在某種物體上，作爲太陽的象徵，接受人們的頂禮膜拜。

二〇〇一年，成都市文物考古研究所在成都市的金沙村發現了大量相當於三星堆文化末期，及以後時期的遺址。在出土的黃金器物中，有一件圓形的金箔，把這張金箔放在紅色的背景下，我們可以清楚地看出，它的內層漩渦形圖案很像一個旋轉的火球，周圍則是紅色的火鳥。孫華先生認爲，旋轉的火球，應當就是太陽的一種表現形式，人們對於比較形象的事物，其認知和表現，都應當是相同或相近的。太陽如同火紅的圓盤，具有耀眼的光芒，這是人們非常熟悉的。當人們因某種目的的需要，用圖像或符號將圖像表現出來的時候，他們不外乎採用兩種表現方式，一是畫一個大圓圈，圓圈裏或塡以黃色或紅色。如湖南長沙市馬王堆一號漢墓，帛畫扶桑樹上的太陽。另一個是在圓圈上，增加輻射狀的光芒，光芒的形態，也有放射狀直線和旋轉弧線兩類。輪形銅器，就是光呈放射狀直線的太陽象徵物或符號。

靳之林先生認爲，在西元前五千年的兩河流域，蘇美人創造的薩馬拉文化彩陶中，太陽神，四羊追逐相合。四羊以生命樹爲中心的追逐相合的集合圖案，和四羊追逐相合的運動旋律，就是太陽火

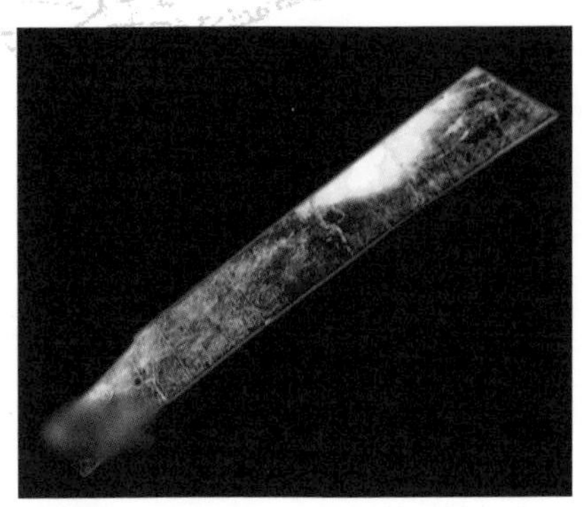

玉璋　二號祭祀坑出土，通長54.2釐米，器身呈黑色，出土前經火燒後部分呈雞骨白。圖案上下兩幅對稱，每幅以雲雷紋分割為上下兩段，每段人與山又以平行線分隔。山上有雲氣紋和⊙形符號

焰光芒的旋轉。這裏以羊爲象徵的太陽，靠著羊角的流動，輔助線條的飛動旋轉起來，靜止的太陽符號旋轉起來，變成萬字符號。巧合的是這與同時期中國河姆渡文化中的四鳥迴轉文飾所形成的太陽旋轉是一致的。中國西元前四千年的半坡彩陶盆上，大量的魚紋彩繪，也正是這種魚紋的追逐和旋轉。由於這種文化間的交流，在陸路上還不曾有類似的痕跡，所以人們的疑問是，在非常久遠的年代，是否存在著東西方海陸都通的可能。人類是從什麼時候開始，能夠飄洋過海的呢？

周一兵：人類掌握舟楫的駕馭技術，要遠遠早於人類掌握馴化的馬。我們已經發現了上萬年以前，舟楫已經可以在海上行駛了。還有一點就是，我們要考慮到在兩三萬年以前，第四冰川期階段，當時由於大量的水被存在了兩極，還有高緯度地區的冰蓋和雪原，海平面就遠遠低於現在。專家們計算，當時的海平面比現在的海平面低一百到一百五十米，也就是說太平洋諸島當時是連在一塊的，澳大利亞的原始土著，就是從這個大陸橋，走到了澳大利亞，一步一步地遷徙到了澳洲。

在中國的神話中，有關太陽的傳說裏面，都有鳥的形象。三星堆的藝術家，在青銅神樹上，就精心安置了一些銅鳥，這些鳥，好像是依照統一的規格築造出來的，表明它們擔負的是同一個明確的使命。羅森認爲，這種鳥可能屬於一個奇蹟般的世界。他說，至今爲止，我們對這個世界的了解，僅限於三星堆的青銅器。《山海經．

大荒東經》中記述了十個太陽，都由鳥來背負著上升和下沉，也就是說十個太陽，就要有十隻鳥來表現。不過三星堆一號神樹上的鳥，卻爲九隻。那麼另外一隻哪兒去了呢？

日本學者布川寬先生，結合湖南長沙馬王堆一漢墓出土的帛畫內容認爲，根據太陽的運行規則，值班的太陽已經出發，所以扶桑上只有九個太陽。樹木頂上，就沒有了那一隻鳥。徐朝龍先生認爲，如果把鳥看作是背負太陽的使者，就易於了解古代蜀國人獨特的思維。若在一號神樹三段工程的分支長出的九根樹枝上的鳥，確實象徵著文獻記載的居下枝的九日，而居上枝，即正在值班的太陽，已經向天空升上去，所以沒有必要表示。也就是說三星堆的藝術家所創造的神樹，十分合理地爲祭祀活動的人們留下了一個想像的空間，這可能就是以後的人們追求的那種「留白」的藝術形式吧。日本京都大學教授林巳乃夫，通過觀察青銅神樹的枝葉與鳥，聯想到三星堆另外一件名爲璋的器物，並認爲璋的功能，與背負太陽的鳥之間，有一個隱秘的關係。三星堆一二號坑出土了許多玉石器，其中名爲璋的玉器造型很獨特，而它的功能是令人費解的。

李學勤：所謂璋這種玉器，現在我們

»»» 天·工·開·物 »»»

螺鈿

古代漆器裝飾工藝。利用蚌殼薄片製成人物、花卉、鳥獸等圖案，鑲嵌在漆器表面。有軟硬之分。據考，北京琉璃河西周燕國墓地出土了用蚌片鑲嵌的漆罍和漆豆，所用蚌片都經鋸割或切磨成各種形狀，有的蚌片上還有花紋。此外，浚縣辛村西周晚期墓內也發現在漆器上用磨製的小蚌條組成的花紋圖案，稱「蚌組花紋」，是「中國螺鈿的初製」。該技術到明末清初達到了高峰。

»»» 中·外·名·人 »»»

■伯夷、叔齊

（生卒年不詳）武王興兵伐紂，二人在路旁叩馬而諫，武王手下欲動武，被姜太公制止。武王克商後，天下宗周。伯夷、叔齊恥食周粟，遂餓死於首陽山。

■赫西奧德

（Hesiod，約前七五〇—約前七〇〇）希臘詩人，出生於希臘中部的彼奧提亞，有《神譜》和《田功農時》等詩篇傳世，前者記述了希臘的神話傳說，後者則抒寫農業勞作和農村生活，是了解當時社會狀況最主要的、最生動的材料。

已經知道，它從龍山時代的晚期就開始出現了。最初出現是相當靠北的，現在我們能找到最早的這種璋類的東西，是在陝北和山東地區，這是龍山時代的晚期。然後隨著時代的推移，越往後越向南，到了四川這地方，到了商代，特別是商代比較晚的後期，相當於殷墟時期，那時候的殷墟很少，已經幾乎沒有這個東西。但在廣東一直到香港都發現，甚至於在香港的小島上都發現了璋。之後，甚至在越南北部，最近也發現了不少，而且有玉器的作坊。這種牙璋，據說是可以用來發兵的，是不是這樣，有待於考古學的證實，這是古書的一種說法。一般說它是一種禮器，並沒有什麼實用價值。

在三星堆這件璋的頂部，雕出了一隻鳥，其形態好像是棲息在璋的窪刃上，林巳乃夫認爲在三星堆，作爲太陽之神的鳥相互交替，每天有一隻，繞天巡行，而璋則是它們停歇的樹木。觀察二號坑出土的小銅人捧璋而跪的姿態，可能就是呼籲光明與火的太陽神，讓自己在此棲息，並祈願太陽神的賜福。

爲什麼在三星堆有這麼多茂盛的銅樹呢？趙殿增先生認爲不同地方的自然環境，是產生不同文化的土壤。

趙殿增：三星堆能產生在四川，能產生這種人神交往、人神相通的神話觀念和歷史現象，特別是造型藝術，和自然條件密切相關。首先是天府之國，自然條件好，人和人之間，往往不是一種對抗，而是一種和諧，是一種相融的關係，它的故事就是人化爲鳥，鳥化爲蛇，順著樹上天。但是北方，那些自然條件差的地方的神話故事，就是愚公移山、精衛塡海、夸父追日，都是強烈對抗的，在對抗中間求生存。

那麼當時的人們，是以什麼形式在青銅神樹旁邊祭祀的呢？

趙殿增：三星堆文物，可能就像今天雲南麗江納西族的祭祀儀式，在廣場中間設一個神壇，分內壇和外壇，是一個方形或圓形的壇。壇中間種三棵樹，一棵象徵天，一棵象徵地，一棵象徵人，把

挖掘現場的青銅器都是被人為損毀了的

青銅扇貝掛飾 掛飾呈覆扇貝狀，背部有放射狀肋脊，前端有一圓環，圓環兩側有新月形觸角

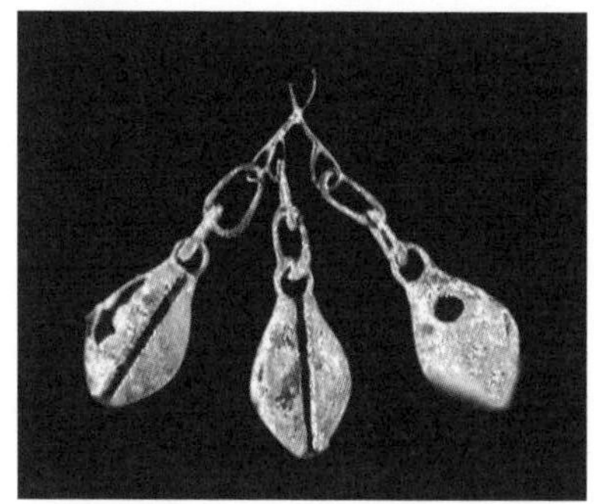

青銅貝串飾 三枚成套，上端有三個環鈕並連，三環鈕上套有鍊環，銅貝尾端的圓鈕套於鍊環上

人叫做「舅」，他們不知道父，因爲都是從母居，母親那邊都是舅舅。祭祀的活動，要進行十五天。先把殺牲弄好，然後把神樹供在一個清靜的地方，然後把神靈豎在壇上，把周圍的禮器漆器掛在上面，通過鳥把該吃的東西吃了，就升上天去了。如果鳥不吃還要重祭，就是證明它沒送上天去，而鳥也是他們崇拜的一個對象，也是一個神像。最後通過這種形式，祈禱，念念有詞，我代表我們哪一個族哪一個人，爲你祭祀的什麼活動，在納西族裏都有這個故事。

在青銅樹的枝幹上，人們可以清晰地看到，有一些用於垂掛器物的穿孔，那些垂掛的東西是什麼呢，考古工作者們猜測它們可能是在銅樹被折斷時，與銅環分離的。考古者從三星堆的器物坑中發現了一些小型青銅器件，它們後來被賦予新的名稱：鷹形銅鈴、鳥形鈴器、花形鈴和鐘形鈴等等。這些由青銅製作的發聲器，也許就是用來懸掛在銅樹上的。我們可以想像，三千年前，當風吹過三星堆的時候，整個王國的人們都可以聆聽到那些由金屬的搖曳和碰撞奏出的音樂，那一陣陣清脆的聲響，證明著一個偉大的青銅時代，在四川盆地達到頂峰。

現在的疑問是，如此巨大的青銅神樹是如何被支撐起來的。由於重心的上移而傾斜，我們現在看到的復原青銅樹，是由幾條鋼製纜繩斜拉固定的，空心的青銅樹幹裏面，也是用鋼管加固支撐的。趙殿增先生認爲，這棵三米多高的青銅神樹，如果全部按原形組裝樹立起來，原來的三組底座，根本無法承受其全部重量。由此推測，這棵青銅神樹，應該是爲一次大型祭祀臨時鑄成的，而不是作爲長期陳列而設置的。

我們是否可以認爲，三星堆的青銅神樹，是一次性使用的呢？用青銅鑄造許多可帶有神意的樹木，在當時是要下很大的決心的，因爲那是一項十分龐大複雜的製造過程。青銅在當時是極端貴重的金屬，若干件神樹，必將耗費大量的財力和人工。三星堆王國集中了最頂級的工匠，他們完成這項工程所具備的心態是從容不迫的。爲作品所動用的手段，靈活多樣，其中就有銅葉鉚焊，鑄鉚鑄接的工藝。中國科學院自然科學史研究所研究員蘇榮譽先生在他的研究報告中指出，三星堆銅器，有兩種特別的工藝不見或罕見於同時期中原地區的銅器上，一種是用鑄鉚的方式連接零件，另一種是建後切割開孔的技術，它們的來源和流向都是值得注意的。

三星堆銅器，應當還有一種比較特殊的銅器工藝，這就是分段鉚接工藝。這種工藝，是把比較難鑄造的大型鑄件和一些特殊器類先分段鑄造，然後再把各段套接起來，用鉚釘連接固定，使大型銅器的鑄造更趨簡易，按照通常的認識，分段鉚接工藝出現得較晚，最早也不過戰國晚期，秦漢時期才流行開來。秦漢時期的大型銅車、銅馬、銅人，基本都採用了這種新工藝。而值得注意的是，在三星堆的銅器工藝中，就已經出現了這種新工藝。

從青銅神樹的鑄造過程來看，三星堆的工匠們使用了當時最先進的技術和手段，目的是完成一件不朽的祭祀禮器。但是如果一次性使用的猜測成立的話，那麼當時的工匠們在製造這批作品之前，就知道作品在完成後即將被焚燒、損毀和掩埋嗎？如果他們知道，卻爲何仍然消耗大量的精力在他們的作品身上，以致於對任何一個細節都孜孜不倦。也許神樹的製造者認爲，製造和完成並不是最終的目的，只有依照祭祀的終極儀式徹底完成，才算眞正的完美。因爲如此，製造者們並不介意投入製作的過程有多麼艱辛和漫長，當神樹高聳在膜拜的人流中的時候，哪怕僅僅是一瞬，也是一種永恆。

<6> 古國消失的最終猜想

現在的人們使用汽車，從秦嶺的一側到另一側需要花四小時左右。三千年前，人們在沒有完整山路的條件下，依靠雙腿需要多長時間？古代的蜀地，直到唐代的時候還依然給人一種道路不暢、信息閉塞的印象。李白就有「蜀道之難，難於上青天」的詩句，那時巍巍秦嶺給予他的是只有鳥才能飛躍過去的感歎。正是由於地形的原因，人們對山嶺以南的情形的了解，是極有限的。中原的人們認爲，生活在四川盆地的人，椎髻左言，不曉文字，未有禮樂。在古代的四川地區，有無文字，或者說一些器物上面的符號，是圖案還是文字，直到今天仍然是學者們爭論的問題。

古時祭祀坑，多爲五個一起出現。在三星堆發現的兩個坑若確實爲祭祀坑的話，還會有第三、第四、第五個坑被發現嗎？會有歷

青銅器中使用分段鉚接法的部分

史更古久、更精美、更令今人難以理解的文物出土嗎？三星堆古蜀已建立了城市、產生了高度發達的青銅器，並有了大型的宗教祭祀場所，這些都是早期國家產生的標誌因素，但出土物中沒有可稱得上文字的符號──銘文，眞難以想像在沒有文字的社會環境中，古代蜀族居然能創造那樣高水準的物質文明。

在三星堆出土的器物上沒有一個文字，但古蜀人有一些符號性的圖案，看上去是有特定意義的。有一件璋，上面刻有許多圖像，圖像所傳達的視覺語彙很不尋常。其中在兩座山形圖像之間，漂浮著一隻船型的符號，它意味著什麼呢？黃劍華先生認爲，山上刻劃的太陽和山嶺的圖案，是古蜀人太陽崇拜和祭祀神山的情景。那麼對兩山之間的符號，又怎麼解釋呢？陳德安的解讀是，這個符號是一條船，船上有人，這條船是運載死者靈魂的交通工具。黃劍華的理解是，將圖形看作運載靈魂的船是不錯的，但船上並沒有人，兩山及船所傳達出來的，是天門的象徵。

黃劍華（四川省文物考古研究所研究員）：早期的天門觀念，就是人死了以後，靈魂要回到祖地去，即祖先起源的地方去。這個神山，同時也是古代蜀人心目中的靈山，是通向天國的含義。由此來看，這件非常奇特的、非常有意思的玉璋，我想會不會是古代蜀國舉行葬禮，或者與喪葬有關的，與祭祀祖先有關的儀式中，巫師使用的一種法器呢？我想這種推測應該是有它的可能性的。因此，他們使用這種玉器的時候，圖案已經把他們要表達的意思，比較充分地表達出來了。

從三星堆文化以後的蜀人兵器上，人們能看到許多符號型的圖案。這些符號傳達出的視覺語彙，也許是武裝力量的番號，也許是武器使用者的名稱，也許是征服對手的誓言，總之它們已經不是簡單的圖案了。李學勤先生指出，所謂蜀人沒有文字的說法，是因爲古代中國人認爲文字指的就是漢字的系統，而蜀人曾經使用過的，可能並不是漢字。

在現在的雲南麗江還能看到一種象形文字——納西族使用的「東巴文字」，這種文字大約產生於西元十一世紀以前，被譽爲「活著的象形文字」，是世界最古老的象形文字之一。「東巴文」共有一千三百多個單字，詞語異常豐富，能充分表達細膩的情感，記爲複雜的事物，還能寫詩作文章。三星堆器物上的圖案是否也是這樣一種象形文字呢？

李學勤：我們看到巴蜀有一種很普通的符號，這種符號在考古學界一般叫做「巴蜀符號」，也有人叫「巴蜀圖語」，或者叫做「巴蜀文字」。這類符號的數量，目前在考古工作中，發現越來越多，我們看到這類符號的使用比過去更爲廣泛。比如在成都商業街大型的船棺葬裏面，在一些漆器上，都有這些符號，甚至船棺上也有這樣的符號。這樣的符號，我們覺得是文字的可能性比以前更大。

到目前爲止，三星堆文化已經表明，在距今很久遠的四川盆地有一個高度發達的長江文明。在這樣一個文明世界裏，人們與外界的交流程度，遠超出今天人們的想像。

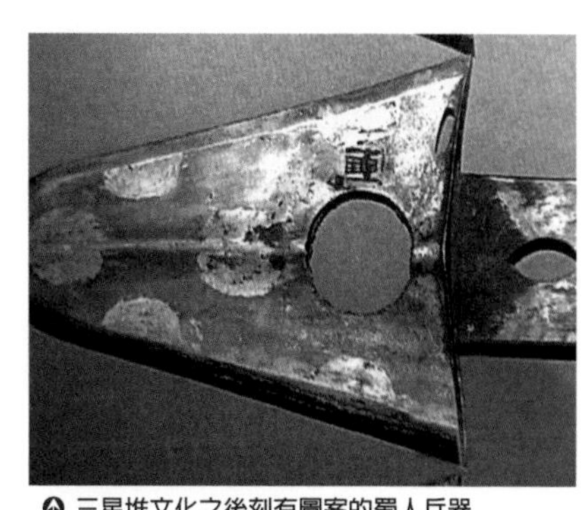

三星堆文化之後刻有圖案的蜀人兵器

彭邦本：「椎髻左言」，應該是符合實際的。椎髻通常是上古的時候農業民族的髮式，至於左言呢，根據《戰國策．秦策》的記載，蜀地，就是蜀國，本來就是「西辟之國，戎狄之長」。

就是從文化族系來看，它和中原地區本身是有差異的，不是同一個系統，它的語言風俗有所不同，這是非常正常的。但是在秦滅巴蜀以後，情況就比較快地發生了變化，因爲從秦滅巴蜀到漢武帝的時候，也就是一兩百年的時間。在這樣的一個過程中，看來強大的中原文化系統，很快就和蜀地本身的歷史文化系統發生了融合。

在古代中國，有一個關於九鼎的故事。傳說中的夏王朝，爲了建立人與神溝通的工具，曾用極其珍貴的青銅鑄造了九隻巨大的鼎，九隻鼎不僅代表了當時最尖端的工藝成就，也證明了王朝的實力和膽識。雖然九鼎可能根本不存在，但這種具有權力象徵意義的器物，還是被極度地神秘化了。在當時的中國，最先掌握了先進的青銅冶鑄技術和藝術的早期中央王朝，不會輕易將冶鑄技術轉讓給周圍的邦國。因爲至少在武裝力量方面，擁有青銅兵器的軍隊會比較輕鬆地獲得戰爭的勝利，並以強大的武力，獲取更多的銅礦資源。而沒有掌握青銅技術的邦國，仍然在如何打磨石頭上動腦筋，他們的軍隊裝備落後，生產工具簡陋，無法抗衡強勢的一方。

四川盆地在很長的時間裏給人的印象是環境閉塞，道路封閉。當三星堆王國在二十世紀被發現的時候，其發達的青銅文化，令人們刮目相看。三星堆人沒有在他們的作品上留下自己的姓名，今天的人是通過對銅器的觀察和複製認識對方的。在三星堆的青銅面具上，我們可以看到方型的鑿孔，這是三星堆人在銅器鑄就後，臨時開鑿的。蘇榮譽先生認爲，因爲原先爲鑄造孔所準備的穿釘，無法承受面具重量，而這種做法，乍看上去有悖於中國工藝的傳統。這是爲了解決當時所面臨的特殊問題的權宜之計。

蘇榮譽（中國科學院自然科學史研究所研究員）：在三星堆青銅器中有兩種孔，一種是小的圓孔，這種圓孔是鑄造出來的，比如一些青銅兵器裏邊的孔，這樣的圓孔是一樣的，是用來裝一些銷釘和裝柄等等。還有一部分孔，特別是像那種人面，或者是人頭像額頭或頸部這種方孔，是切割以後鑿出來的。對於這種切割的工具，大家也做過各種各樣的推測，就我個人的估計，可能是一種比較堅硬的玉石，用來切出痕跡以後，再鑿出孔來。這個孔說明一個問題，可能原先鑄造青銅器的時候，並沒有考慮到它後來的使用的方向，所以這個青銅器一方面，它的所屬也許有過一次重大的轉變，另一部分人獲得這批青銅器以後，會派它作爲別的用途，然後再在上面考慮鑿孔，如果他們第一次就考慮到後來的用法的話，他們就會事先設計，並且鑄造出這種孔來。

日本學者三船溫尙複製三星堆大面相的目的，是力求揣摩出古人的鑄造思維。他說，古代技術也許已經失傳了近百分之八十至百分之九十，不能簡單地拿現在的鑄造常識去進行思考和分析。他觀察到，三星堆面具群像的內外凡凹部連接的地方，都有尖利突出的尾根線，可見其刮削築件模型技術，已經積累了相當長的時間。但是，立人像左臂衣服的底部，也有由於厚度不足而出現鏤空的地方，這是刮削築件模型不佳產生的。現在的鑄造過程，也常見這種曲線，在鑄造中粗心大意而造成的錯誤，古今都是一樣的。杜乃松先生認爲，古代的鑄工在鑄造器物時，往往力求一次成功，但也有由於築件的薄厚掌握不均造成的缺失。在三星堆的個別銅器中，就有補鑄的痕跡。三船溫尙在《三星堆的青銅鑄造技術》中寫道，從已經規範化了的現在鑄金術進行思考，將三星堆複雜而巨大的

歷·史·典·故

周公吐哺

哺是嘴裏正咀嚼著的食物。這是描述周公旦吃飯的時候，聽說有人求見，就把來不及嚥下的飯菜吐出來去見那些求見的人，這樣做的結果導致「天下歸心」。

周武王的兒子成王姬誦即位時才十三歲，天下尚不太平，由武王之弟周公旦暫代成王攝政理國，周公兢兢業業理政，卻備受流言侵擾，說他要代成王做周王。周公以任勞任怨的精神，忠心輔政，終使流言自消。

造型，看作是分鑄法和鑄接法，從中可以窺見到當時的鑄工們對工作所傾注的滿腔熱情。

一九八四年八月二十二日，哈佛大學張光直教授開始了他在北京大學考古系爲期兩周的系列演講。兩年後，他的演講彙編成書，題爲《考古學專題六講》，由文物出版社出版。張光直談到夏商周三代的遷都問題。根據文獻記載，三代都曾有過遷都之舉。特別是商代，前後遷都共達十三次之多。他認爲，青銅器在三代政治鬥爭中佔有中心地位。對三代王室而言，青銅器不是宮廷中的奢侈品、點綴品，而是政治權力鬥爭的必要手段。沒有青銅器，三代的朝廷就打不了天下；沒有銅錫礦，三代的朝廷就沒有青銅器。此前有些研究者認爲華北大平原邊緣的山地出產銅錫，還提出了一些可能的產礦地點。張光直認爲，這些礦產地的蘊藏量都很有限，只能供短時間的開採利用，所以要不斷尋找新的產地。三代王都的遷徙，目的是接近礦源，方便採礦，追求作爲政治資本的銅錫金屬。他將三代都城的位置與產礦點加以對照，認爲這些都城的遷徙，都是圍繞銅錫礦產地移動的。

就在同一天，同在北京西郊，中國科學院主辦的第三屆中國科學史國際討論會，自上午開始進入論文宣讀日程。在這次討論會上，金正耀先生報告了在殷墟青銅器中發現高放射成因鉛的研究結果。三代青銅生產所用的金屬原料，主要有銅、錫和鉛三種，它們都是經過冶煉從礦石提煉出來的。無論銅礦還是錫礦，或自然界少量存在的天然銅金屬，都含有微量的金屬鉛。這些雜質性質的鉛同作爲青銅生產原料之一的金屬鉛一樣，都是由四種穩定的同位素組成的。四種鉛同位素中，有三種是由放射衰變形成的，所以把它們叫做放射成因鉛。所謂「高放射成因鉛」是指這三種鉛同位素含量特別高的金屬鉛。

在中國地質上，高放射成因鉛的金屬鉛礦以及銅礦，在四川南部和雲南東部及貴州接鄰的地區有發現，這一地區屬於中國西南部。金光耀先生在報告中舉出了雲南永善金沙及會澤等地礦山的資料，它們跟殷墟青銅器的高放射成因鉛資料十分接近。因此提出，殷墟時期黃河流域的青銅生產使用了來自中國西南，也就是長江上游地區的金屬原料。因爲鉛礦在華北平原出產地很多，西南地區的這種高放射成因鉛出現在黃河流域生產的青銅器中，實際上反映了西南地區銅錫礦原料輸入中原的事實。

三星堆文化青銅冶鑄工業能達到如此繁榮和先進的程度，這與當地及其附近的銅、鉛、錫等礦產資源的豐富有著密不可分的關係。銅礦在四川分布較廣，已經探明的礦床有一百五十六個，這些銅礦床以小型爲主，大中型銅礦床，均集中分布在靠近雲南的川南會理縣一帶。不過在靠近四川盆地中心成都的山前地帶，也有若干小型銅礦床的分布，這些銅礦爲三星堆文化的青銅冶鑄技術，提供了比中原地區更優越的原料資源。

金正耀先生通過對三星堆青銅器的鉛同位素比值研究，得出了三星堆一、二號

»»» 天·工·開·物 »»»

雲雷紋

商周青銅器典型紋飾之一。以連續的迴旋形線條構成幾何圖案。圓形的連續構圖，單稱爲雲紋；方形的連續構圖，單稱爲雷紋。雲雷紋經常作爲青銅器裝飾的地紋起烘托主題紋飾的作用。也有單獨出現在器物頸、足兩部的。盛行於商和西周，沿用至春秋戰國時代。

»»» 中·外·名·人 »»»

■褒姒

（生卒年不詳）幽王寵妃。幽王伐褒，褒人送褒姒於幽王，得到幽王寵愛。爲博褒姒笑，幽王數舉驪山烽火。幽王被犬戎殺死，褒姒被掠走。

■荷馬

（Homer，約前九—八世紀）古希臘詩人、盲歌者。相傳著有史詩《伊利亞德》和《奧德賽》，反映了前十一世紀到前九世紀時期，故此時期習稱「荷馬時代」。

坑青銅器的鉛同位素比值相同的結論，二者年代相距不會太遠，它們都大量採用了來自同一礦產地的礦源。這些含有高放射形成因的異常鉛青銅器的相關原料的產地，據朱炳泉先生的說法，有幾個可能性的來源地。其中滇東北一帶，是可能性最大的一個區域。這些研究如果結論是可靠的話，三星堆時期人們的活動空間，可能就在一個更廣闊的區域，遠遠超越了我們目前的認識。

過去，人們有四川偏處西南群山之中，與外界交往開始很晚的感覺。事實上，四川盆地與外界的通道，並不像有些人想像的那樣困難。四川與東方交通道路的開闢，也不像有的文獻說的那樣晚。從考古材料來看，四川盆地與長江中游地區的聯繫通道的開闢，遠在新石器時代就已開始，這就是後來所稱的峽江道。而從北京穿越山嶺進入四川盆地，最便利的條件，就是沿著幾條大河行走，這就形成了一條穿越秦嶺和巴山的天然隘道——嘉陵道。古往今來的人們，出入四川盆地的陸路交通，都要利用這個天然的通道。嘉陵道，又稱石牛道、金牛道，或劍閣道，傳說是由蜀國第十二世開明王命令他的功臣部隊開闢的。這個部隊在當時，被稱爲五丁力士，他們是一群精壯的、力氣過人的武士。

段渝先生從南北四川出土的兵器多寡分析，當時蜀國的重兵，是在北方布防的。

段渝：在蜀這個地方，銅器的比例分配和商王朝不太一樣。從三星堆出土的一些樣品的分析來看，蜀人禮器用的是低錫的青銅，兵器反而錫加的比較多，就是說他也注重戰爭。在蜀這麼一個神權國家，他們很重視自己的宗教和祭祀。爲什麼要在兵器裏邊加比較多的錫呢，肯定是爲了作戰，爲了使自己的兵器更堅固、更鋒利。這可能就是爲了一方面對外擴張，一方面就是守住自己的疆土，保衛自己的文明。

五丁的故事流行於川西各地，說法不一，大多與開通蜀道有關。一說「蜀王好財」，秦王送他五頭能屙金子的牛，他派五丁力士去接回來，安置於現成都金牛壩；一說是「蜀王好色」，《蜀王本紀》中說：秦王獻美女與蜀王，蜀王遣五丁迎女，見一大蛇入山穴中，五丁並引蛇，山崩，秦五女皆上山，化爲石。

巴蜀文化同中原和秦文化的溝通，最大的障礙是北方的高山——秦嶺。但巴蜀先民以驚人的勇氣，創造了高超的棧道技術，打破了盆地地緣的封鎖，克服了狹隘的封閉性。蜀王派遣五丁力士開道，迎接秦惠文王所送金牛和五個美女的神話故事，就是上古時代開山通道進行交流的生動表現。棧道是巴蜀人的一大發明。由於棧道的發明，終於使巴蜀變「四塞」爲「棧道千里，無所不通」，從而突破了封閉而走向開放。

逢山必須開道，遇水必須造橋，古蜀先民爲了突破封閉，在發明了棧道的同時，又創造了笮橋。笮橋即繩橋，有多種類型，至今尚可見到藏區的溜索和編網的藤橋，岷山上的竹索橋，滇西北的編網笩橋，都江堰早期的珠浦橋以及攀枝花早期的鐵索橋，都是巴蜀先民向外部世界開放的智慧表現。

五丁力士打通了從蜀至秦的通道，便於蜀國與北方的往來。但同時，也埋下了一個巨大的危機。西元前三一六年，秦惠文王採納了司馬錯的擴張方略，決定攻取蜀國。同年秋，張儀、司馬錯率領秦國的精銳軍團，沿著石牛道穿越秦嶺。開明王

»»» 歷·史·典·故 »»»

防民之口，甚於防川

這句話出自周厲王的大臣召公虎之口，意思是，堵住人們的嘴不讓說話，比堵住河流還要危險。硬堵住河流就會決口，硬堵住百姓的嘴，也要招致大禍。

周厲王濫施酷刑，且對國家重要物產實行「專制」，採藥、砍柴、捕魚、獵獸，甚至喝水、走路都要繳納錢物，以致民怨沸騰。召公虎的勸諫厲王根本不聽，還派人監視百姓，有不滿言論的就格殺勿論，弄得人們見了面，只敢交換一下眼色，不敢交談，更別提議論朝政了。因此，召公虎就說了上述的言論。但周厲王依然我行我素，終於導致國人暴動。都城內的百姓衝進王宮要殺死周厲王，虧他跑得快，總算保住了條命，但周朝統治受到沉重打擊。

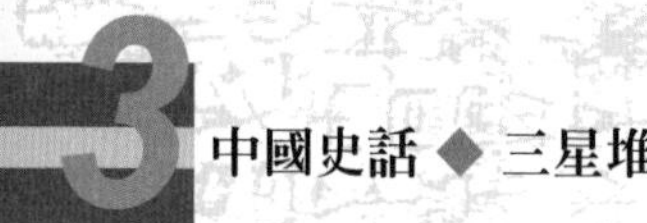

率蜀軍倉促應戰，在嘉應一戰中全軍覆沒。十月，秦軍掃蕩蜀國全境，一舉兼併了蜀國，蜀國從此滅亡。蜀國王子泮帶領一支殘部輾轉南遷，最後到達交趾，也就是今越南北部。

段渝：在越南北部的地方，活動著一個叫做「雒侯、雒將」的族類。因爲他們的生產方式比較落後，還沒有進入文明，蜀王子安陽王帶著三萬大軍去了之後，很快就把當地的土著給收拾了。然後自己建了一個城叫雒城，建立了王國，而且這個王朝在越南歷史上是有根有據的，被叫做蜀朝，在越南北部留下了很深的文化影響。

現代越南是多民族國家，其中以越族爲主。越族與古代中國南方的百越人有關係，是百越的一支。古代越人有許多分支，在西元前三、四世紀，越人大致分五部分，多在中國境內：東越在浙江省，閩越在福建省，南越在廣東，西越在廣西省和越南東北部，雒越在越南的紅河流域。百越中的雒越，大約是在西元前四世紀，就是東周戰國時期佔據了紅河流域，已經有了發達的煉銅術，創造了東山文化，開始向階級社會發展。最初組成雒越部落聯盟，蜀王子泮來到此地後佔有了部落聯盟的領導地位，建立起越南第一個王朝，史稱安陽王。《水經．葉榆河注》記載：「土地有雒田，其田從潮水上下。民墾食其田，因名爲雒民。設雒王、雒侯主諸郡縣。縣多爲雒將。」佔有土地者叫雒王、雒侯、雒將。

安陽王在越南北部建立了一個王朝，持續了一百多年。這就是爲什麼考古工作者在越南北部能發掘出大量的與蜀國類似的玉石器牙璋的原因。開明王在覆滅前的都城是成都，在開明五世之前，蜀國的都城都是建在廣都樊鄉，也就是現在的雙流縣。古蜀國的政治中心，是什麼時候從三星堆移開的呢？政治中心轉移的原因又是什麼呢？三星堆王國是在一種什麼情形中覆滅的？當時發生了什麼事件，致使三星堆古城被廢棄呢？當三星堆的兩個器物坑面世的時候，人們試圖從中尋找答案。

銅人頭像 圓頭頂，頭上似戴有頭盔。腦後用補鑄法鑄有髮飾，似戴蝴蝶形花笄，中間用寬帶紮束

在三星堆文化形成以前，成都平原已經出現了一個高度發達的新石器文化，它以寶墩村文化和魚鳧村文化爲代表，已被發現的古城共六座。新津縣的寶墩村古城，城牆範圍長約一千一百米，寬六百米，面積超過六十五萬平方米。崇州市的紫竹村古城，分內外牆，城內面積二十萬平方米，雙河村古城也分內外牆，城內面積二十萬平方米。都江堰的芒城村古城，爲向東偏的長方形，方向十度，城內面積約七萬平方米。溫江縣的魚鳧村古城，在四川古代歷史上一直很有名，傳說中是古蜀國魚鳧王的王都，現存的城牆，長二千一百一十米，城內面積約三十萬平方米。

郫縣的古城村古城的城牆，至今仍聳立地表，城內面積約三十萬平方米。

在成都平原的古城群中，三星堆遺址的始建年代最早，延續時間最長。這除了說明它的繁榮以外，還說明它是一個獨立的政權，否則，中原的大帝國絕不會容忍這麼大的一個屬國城邦存在。

段渝：在古代的時候，一個都城的大小是非常重要的，諸侯不能逾制，不能超過上面規定的一些制度。如果超過了制度的話，那就是一種嚴重違規，要遭到很嚴重的懲處。三星堆敢於把自己的城修這麼大，就說明那個時候的蜀人，和中原王朝是兩個不同的權力系統，只能這樣認爲，沒有其他的辦法可以解釋。

那些古代的城牆，都是用土壤夯製的，它們無法經受幾千年雨水的沖洗，已經和農田連成一體了。儘管如此，我們仍然可以在廣漢市郊看到古城大牆留下的痕跡。三星堆城外的鴨子河還在，穿城而過的馬牧河還在，只是收縮了它的奔流規模。而三星堆王國的身影，可能就沉積在今天的廣漢市下面。

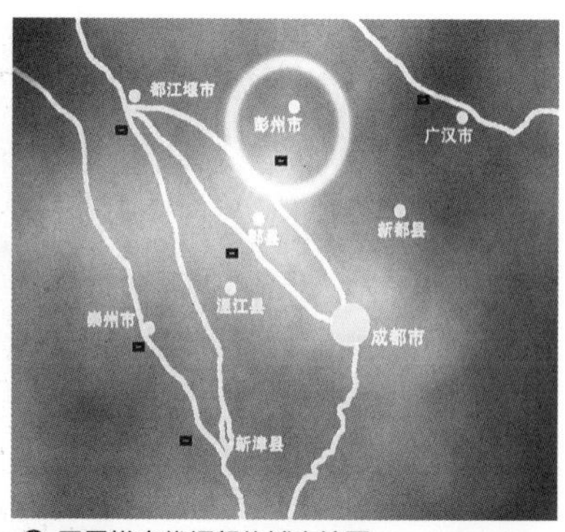

三星堆之後崛起的城市地圖 1

三星堆之後崛起的城市地圖 2

三星堆古城，三星堆器物坑，以及後來的成都城，在方向上，似乎都有一個共同點，就是它們的方位、角度是一樣的。為什麼會有如此巧合？古蜀人對於方位的設計，是出於什麼考慮的呢？

譚繼和（四川省社科院歷史研究所研究員）：成都人講，抵攏倒拐，端端走，向左拐向右拐，北方人絕對聽不懂。北方人的觀念，向東、向南、向北，很準確，這是以天地、自然為座標形成的東南西北觀念。而蜀人差不多是以「人」，以自我為中心，所以才叫抵攏倒拐，向左拐向右拐。現在這種以人為中心跟古蜀人以神仙為中心的觀念是一脈相成，若斷若續的。

對於器物坑與古城的方位，有學者認為與星象有關，並提出三星堆可能存在過的三個土丘是與三星相對應的。

孫華：三星堆乃至於以後成都的這幾個城，它的傾斜角度也不是完全一致的。它是不是對準著某一個天象，我們沒有專門做過分析。但是如果我們要去聯繫的話，總會在天空上找到一個天象和它相對。這種聯繫，實際上也是沒有證據的。成都平原的這些城，還受到河流的影響，城牆正好順著河流，這是自然的原因。當然，自然的原因可能久而久之，會形成某種人文上的觀念，人們會把它附會成某一種文化上的東西，那也是可能的。所以三星堆是不是指向某一個天象，我想也不一定。

如果我們把每個古城看作一個部落聯盟，城邦或初級國家的話，這個時期就存在著多個這樣的組織。有些規模較大的古城可能在一段時期內曾作爲中心古國，但同時期還有其他古國隨時可能取代這一古國的中心地位。當魚鳧村古城崛起以後，三星堆古城也隨之發展起來。寶墩村古城的廢棄和毀滅有可能就是三星堆人擴張的結果。據推測，那個時候有一支掌握了青銅冶鑄技術和具有較高玉石器加工工藝的外來人群來到了成都平原。他們被三星堆人所接受，並形成了某種聯盟。而魚鳧村古城，可能拒絕了這個外來的族群，這使他們成爲了對立的一方。

孫華：三星堆外來的那支人，他們帶去的不僅僅是青銅鑄造技術，帶去的也有玉器製作的藝術。因爲在三星堆以前，在寶墩村文化裏邊很少發現玉器，基本上是沒什麼玉器。只有在三星堆文化裏面，玉器工藝才發展起來，所以說帶去的有青銅技術、製玉技術，還有藝術這樣的一些東西。

三星堆古國在這個新加盟族群的協助下，最終毀滅了魚鳧村古國，成爲整個成都平原唯一的中心，征服了成都平原乃至於四川盆地的這個新的三星堆王國，其統治集團是由本土和外來兩個氏族組成的，新的權力之爭，當然是不可避免的。我們今天看到的三星堆青銅器以及衆多的其他器物，都經過修復。這些器物被製造出來的時候，曾耗費了一個國家相當大的財富。如此爲多而貴重的國家禮器，爲什麼會遭受損毀和掩埋呢？在三星堆王國，曾經發生過什麼重大或激烈的事件呢？

青銅失冠人頭像 高28釐米，寬20.6釐米，頭頂為子母口形，估計原有冠飾套接其上

考古工作者們發現，埋藏坑經過了刻意設計，兩個坑的方向一致，與三星堆城牆的方向相同。

坑的形狀規整，地面經過了修繕，坑兩側的道路也做對稱排列。這些器物經歷過打砸和火燒的過程被傾倒在坑中時，不是隨意丟棄，而是有規律地堆放，可以認定，器物的埋葬是經過精心設計的。那麼這些器物是在什麼時候被埋葬的呢？兩個埋葬坑是一次所爲嗎？陳顯丹、陳德安的發掘報告指出，一號坑掩埋的時間早於二號坑，李復華、王家佑、胡長玉、蔡格先生認爲，兩個坑處在同一時期，均在殷末周初，高大倫、李映福先生認爲，兩個坑的時代爲商代晚期。

宋至明先生認爲兩坑爲同一時期，是在西周後期。江玉祥先生認爲，是在春秋初期。孫華先生則認爲，兩個坑的器物都是在殷墟中期偏早階段同時掩埋的。問題是，器物被埋葬的動機是什麼？考古學者所作的猜測之一是，器物坑是祭祀坑。陳顯丹、陳德安、趙殿增認爲，損毀與埋葬是三星堆人祭天地山川的儀式行爲。

陳顯丹：我的意見主要是他們依據自己內部文化因素和宗教儀式來進行的。因爲坑的方向都是對著岷山這個地方，就是傳說中蜀人的發源地。崇拜祖先，祭祀祖先，或者是祭祀神靈，都應該面對岷山這個方向，他們是尊崇祖訓來做這個事情，或者是根據傳統的文化因素。

考古學者們對三星堆器物坑的猜測之二爲，器物坑是火葬墓。理由是，一號坑裏的動物骨骼殘渣裏有被疑爲死人骨的骨片。一九三四年，葛維漢對月亮灣玉石器埋葬的性質，就判斷爲墓葬。張明華的看法是，三星堆古城西城牆外仁勝村一帶發掘的二十九座墓葬，其墓穴形態、墓的方向，與三星堆器物坑是一致的。

猜測之三爲，器物坑是失靈靈物掩埋坑。林向根據古代世界風行的薩滿文化分析說，有些原始部落認爲，不靈驗的靈物可以拋棄，另找代替，也有可能被打擊、丟棄，或燒毀。

林向：比如說災害來了，洪水來了，天災來了，這個政權無法抵禦了，這批神物都應該埋到地下去，奉獻給上帝，讓它們上天。也可以說，這種活動也是一種祭祀活動，這種祭祀也可以說是祭祀坑、掩埋坑，它的性質屬於薩滿文化的一種巫術性，即用來避邪的儀式。

猜測之四爲，器物坑是犁庭掃穴坑。徐朝龍猜測，當時作爲敵人的一方，在征服的手段上包括毀壞被征服一方的信仰，於是將祭祀禮器徹底摧毀。

猜測之五爲，器物坑是亡國寶器掩埋坑。三星堆王國在自己的都城即將被敵人攻陷之前，對自己國家的重器不得不放棄。於是將神廟中的寶器付之一炬，全部摧毀，以免落入敵手。

以上五種猜測中，哪一個更合理呢？

現在的疑問是，器物坑所暗示的如果是一次祭祀的話，就意味著當時的三星堆

»»» 天·工·開·物 »»»

牙尺

河南安陽殷墟出土的商代度量衡，牙製。共兩把，一把長15.78、寬1.6、厚0.5釐米；一把長15.8、寬1.8、厚0.5釐米。尺的正面刻十格，一格爲一寸，共十寸，每一寸刻十分。根據商尺與現代尺比較，商尺一寸約等於1.58釐米，比現代尺小。這是中國發現最早的測長工具。

王國，要經常將一個國家最貴重的禮器用於焚毀，而類如代表王權的金杖，及大量珍貴的青銅器、玉石器，也一同掩埋嗎？當時的國力是否能夠承受如此高昂的代價？如果是一個大型墓葬的話，爲什麼考古工作者在坑的周邊經過仔細查找，卻沒有大墓的跡象呢？如果是失靈寶器掩埋，如此巨大的國寶丟棄對當時的社會財力來說，是否可以忍受？按照古人的通常做法，當寶器並非靈驗，或者國家遇到災難之時，總是要以替代物品解決問題的。如果是犁庭掃穴，那麼從戰爭史來看，勝利的一方經常要毀壞另一方的宗廟，而將其寶器作爲戰利品。假如一定要將這些貴重的戰利品銷毀的話，爲什麼又要進行鄭重其事的精心埋葬呢？如果是亡國寶器掩埋，那麼兩個坑是間隔了一段時間掩埋的說法，又如何解釋呢？會不會只是在亡國前的一次而不是兩次掩埋呢？疑問是，在當時發生了什麼，致使國將不國？

孫華認爲，亡國的起因很可能是統治階層的分裂。他的假設是，在三星堆王國的末期，三星堆執掌權力的兩個氏族在內部權力分配問題上發生了爭執，從而引發了激烈的暴力衝突。在衝突中，三星堆城和神廟可能遭到了嚴重的破壞，神廟內的器物被火焚燒，並被倒塌的神廟砸毀。三星堆城變成一片廢墟，兩個衝突集團開始放棄三星堆城，分別向附近的成都和陝西南部轉移。大概他們認爲三星堆神廟中的器物已經損毀，再使用有不祥的可能，最後離開三星堆的王族在舉行了隆重的儀式後，將這些不能再使用的器物掩埋。這以後，一些新的城市開始崛起，在今天的彭州市，出現了一個新的大城。在今天秦嶺以北的寶雞市，出現了一個名爲弶的國家。在今天的成都，出現了一個新的王朝，那就是後來的蜀國。

孫華：在金沙村遺址裏面，出土了一個小銅人，這個人是紮著辮子的，頭上戴著一個太陽的光環，腰裏插著一個權杖，好像是宗教權力、世俗權力兼而有之，我想這也可能是三星堆王國的一個象徵。雖然這個王國的權力後來被分割了，造成了四川青銅文化進入另外一個新的時期，一個分裂的，或者說是多個中心並存的時期。但這個時期持續了多長的時間還不好說，但是至少持續到了西周的中期。從商代晚期一直持續到西周的中期，在那以後，成都平原和四川盆地的文化狀況很不明朗，再也沒出現有這麼多文物的遺址了。

一個被廢棄的城市消失了，沒有文字記載消失的原因，三千年前，一個王國的繁榮與喧囂，就這樣戛然而止。以後的三星堆，只有各種植物在此榮枯，它已經遠離歷史的中心舞臺。直到西元二十世紀，這個巨大的秘密才被人們發現。當今天的人們從堅硬的土壤中，取出千百塊文明的碎片，重新將其拼合時，一個王國的驕傲得到了恢復。

我們可能永遠不知道，三千年前的作品本應該擺放在什麼樣的空間裏，在古城遺址旁的一座建築中，這些器物只能按照時下人們的思維習慣一一陳列。儘管如此，三星堆銅像在本不屬於自己的空間裏所具備的表情，依然會穿越曠久的時間，以絕對的優越感注視著我們，這是古人的巨大力量。今天的人們面對三星堆器物所產生的神秘感，源自於沒有答案的歷史。喜歡猜想與求證的人們，試圖通過多種路徑去接近久遠年代的事實，於是三星堆王國在另一種形式中──復活。

前1300年 ›››› 前1046年
第四章 殷墟婦好墓

殷墟是商王朝後期的王都，據文獻記載，自盤庚遷殷至帝辛覆亡，歷經八代十二王。據學術界最新科技成果「夏商周斷代工程」所排列的《夏商周年表》，已經確認盤庚遷殷為西元前一三〇〇年，武王克商年（這一年發生的牧野之戰武王打敗了殷紂王，建立西周）為西元前一〇四六年，共有二百多年，商王朝居殷最久是無可爭辯的。

司母辛大銅方鼎

自一九二八年董作賓先生首次發掘殷墟至今恰是七十五周年。殷墟早已蜚聲中外，而作為殷墟考古重要組成部分的婦好墓，則為我們打開了一扇窗，透過這扇窗，我們可以觀察到商代高度發達的青銅文明和玉器工藝。

婦好墓中型銅圓鼎

一九七六年由殷商考古專家鄭振香、陳志達二位先生主持發掘的婦好墓，被列為當年全國十大考古新發現的榜首。這個墓葬，之所以具有重大學術價值，主要是因為在出土的青銅器中，有不少都鑄有「婦好」二字的銘文，甚至在一件兵器上也有「婦好」的名字，經學者們研究，得知這就是在甲骨卜辭裏出現過二百多次的武丁的妻子婦好，既然這是一個可以斷定明確時代的墓葬，所以具有特別重要的學術價值。

婦好墓銅長方扁足鼎

玉象

玉馬

婦好墓位於殷墟丙組基址西南，是一九二八年以來殷墟宮殿宗廟區最重要的考古發現之一，也是殷墟科學發掘以來發現的、唯一保存完整的商代王室成員墓葬，該墓南北長5.6米，東西寬4米，深7.5米。墓上建有被甲骨卜辭稱為「母辛宗」的享堂。婦好享堂，是婦好死後，國王武丁為祭祀婦好，在其墓壙上所修建的宗廟建築,婦好的廟號為「辛」，其墓上的享堂，卜辭中稱「母辛宗」。

「婦好」之名見於商王朝武丁時期的甲骨文，是一位女將軍的名字，她生前曾主持祭祀，從事征戰，地位顯赫。她是中國史載的第一位女將軍。甲骨卜辭中有這樣一則：「今年，國王將統領著他的軍隊與婦好一道抗擊土方，神靈會保佑他們嗎？」據說有一年夏天，北方的土方侵擾國境，擄去軍隊人畜。武丁派大將讓湄迎戰。雙方激戰日久，相持不下，武丁十分焦急。這時婦好挺身而出，請兵助戰。她率兵奔赴沙場，正值雙方酣戰，她迂迴到敵軍背後，突出奇兵，大獲全勝。從此，婦好成了商王軍隊的統帥，馳騁疆場，先後西征羌方，東征印方，北征土方，征戰二十餘個方國（方國即當時商王朝四周的小國家），立下了赫赫戰功。婦好死後，武丁破例在王宮旁為她建墓，隨葬大量珍寶，還修了享堂，以時享祭。

二十世紀三〇年代，在安陽侯家莊一帶的王陵區內發掘的大墓均遭古今盜墓者的盜掘，對商代王室墓的全貌知之甚少，婦好墓的發掘在某種程度上彌補了這一缺憾。

婦好墓所出的銅禮群和武器，以及大量玉石器等，大體上反映了商代末期武丁前後商王朝禮器群的類別和組合，是研究商代禮制的重要資料。大型青銅禮器、武器和大量的玉器、象牙器也顯示了商王朝的興旺和手工業的發展水準。商文化是經過長期的發展所形成的，從玉器可以看出在發展過程中吸收了新石器時代某些文化的先進因素，如紅山文化的玉龍、玉「豬龍」；良渚文化的琮、璧等，並不斷發展和創新，豐富了商文化的內涵，為中國的文化增添了光彩。婦好墓的各種文化遺物，以及貝類、海螺等，也等待著學術界從多方面、多視角進行研究。

<1> 婦好墓的發現與發掘

婦好墓位於河南安陽小屯村的西北，這裏原是一片高出周圍農田的崗地，一九七五年冬，掀起「農業學大寨」平整工地的浪潮，這片崗地成爲被平整的目標。要保護這片遺址必須提出充分的理由，由於過去沒有在這一帶作過發掘工作，對遺址內涵知之甚少，當時中國社會科學院考古研究所安陽工作站的工作人員共同商量，決定對重要遺址進行鑽探。

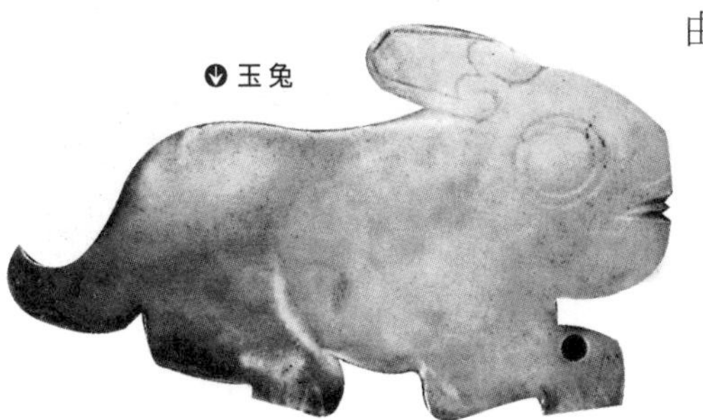
玉兔

小屯遺址的鑽探工作由鄭振香負責，崗地上的棉稈尚未拔掉，只能在邊緣鑽探。十一月二十日開始，經鑽探得知耕土層下即出現殷文化層，而且靠東部東西長約七十米的夯土比較厚，向西較薄，崗地南邊是取土形成的斷崖，斷崖南面是空地。

鄭振香（中國社會科學院考古研究所研究員）：我考慮到如果將南邊的斷崖清理出來，所觀察到的現象更爲可靠。十一月二十三日，考古隊開始清理斷崖工作，陳志達也參加了清理工作，清理了三天，剷刮出長約一百四十米的斷面。東邊顯露出密集的夯土房基，向西地勢較低，但仍有夯土。夯土房基的發現，爲保護這片遺址提供了重要依據。經與村裏的負責幹部聯繫，請他們看過現場後，都表示同意保護，並說，今後也不在這裏取土。保護遺址問題得到圓滿解決，並決定第二年進行發掘。

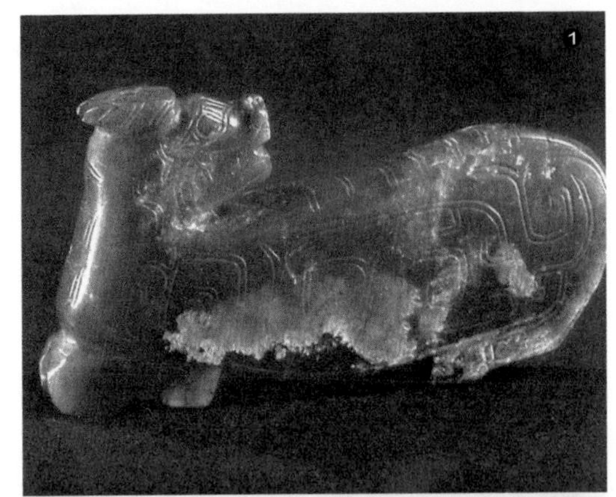

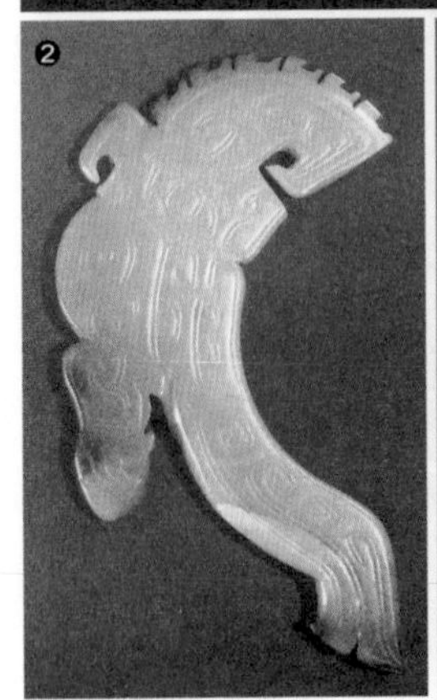

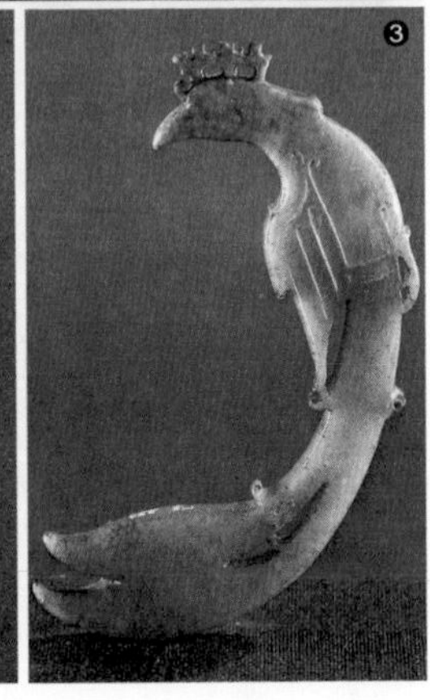

❶ 玉牛

❷ 玉龍與怪鳥

❸ 玉鸚鵡

玉鳳

經辦理申報，批覆手續後，於一九七六年春季開展了對小屯村西北地的發掘。重點是發掘建築基址，參加工作的人員有鄭振香、陳志達，南京大學歷史系張之恒教授也參加了一段時間的發掘。爲弄清房基下邊夯土的範圍和性質發掘了一號房基，清除房基土之後，下面出現的是一長方形坑，內塡夯土，其南邊被取土挖掉，但經鑽探得知向下仍有夯土，找到其南邊緣，整體呈長方形，很像一座墓，但鑽探時一杆探不到底，於是繫繩下探，由於夯土硬且乾，探鏟帶不上土，探到五米多仍未到底，有人說，小屯墓坑少，盡是「死夯土」（指房基土），影響民工的情緒。於是採取先將局部向下挖，距地表深三米時停下來。

II式婦好平底爵

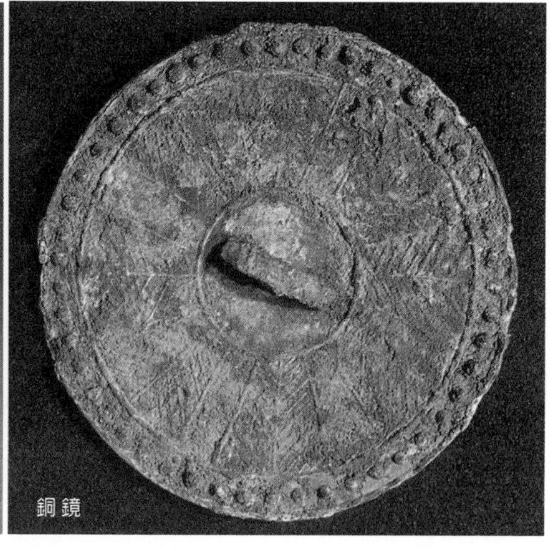
銅鏡

鄭振香：我與有經驗的技工商量，我們還得鑽探，一杆探不到底可以加接杆，用螺絲擰緊，如果超過六米深就接近地下水了，夯土成濕泥也不好探，需加擰杆（擰杆是橫插在接杆頂端的），有位老工人說，用擰杆要兩人推動。我說，這好辦，星期日停工，留下參加鑽探的人員大幹一天，目的是探到底，弄個水落石出，是不是墓也放心了，在場的人表示贊同。五月十六日是星期日，天氣晴朗，我對大家說，咱們今天的任務就是探到底，多打幾個孔，只要探到底無論出現什麼現象，都算完成了任務。工人們幹勁很大，開始在邊緣探，幾個孔在不同深度都碰到似石頭的硬東西，打不下去。最後決心在中心部位鑽孔，我想如果是墓葬應該有現象出現。有位年輕人說，這可是關鍵的一鏟，使得在場的人情緒有些緊張。

婦好大型銅鉞

從距地表三米至六米深進度比較快。從水井得知此處水位是6.5米。故向下夯土變成泥，探鏟探上的泥，上提時往往滑下去，這時加用擰杆用轉動的力量向下鑽孔，探鏟下探，速度很慢，每鏟上來都仔細看土質有無變化，工人們都很辛苦，從六米探到深七米用了半個多小時，正在推動擰杆下探時，突然探杆下陷了約七十釐米，把杆下探的工人何保國緊握探杆，使盡全身的力氣向下墜，探杆又下沉約五十釐米，出現硬底。這時在場的人誰也沒有出聲，小心翼翼地慢慢向上拔鏟，探鏟提上來了，滿鏟都是鮮紅的漆皮，氣氛頓時活躍起來，大家異口同聲地說，是墓葬。眼光敏銳的何振榮師傅發現鏟內有件東西，他一把抓過來跑到水渠邊上洗淨，原來是一件玉墜，一座墓葬呈現在大家的面前。

自五月十七日開始集中力量發掘此墓葬，墓口長5.6米、寬四米、深約八米。當時對面積僅有二十多平方米的一座豎穴墓，並未抱過高的希望，但出人意料的是在挖掘墓的塡土中就不斷出現遺物。遺物是分層埋入的，可分爲六層，最先發現的是一件殘陶爵，距地表深約三米，在墓穴東北部出現了一件大理岩的石臼，出土時底朝上，翻過來一看，臼孔內滿染朱砂，色澤鮮豔。這件臼的發現提高了大家的積極性，其後相繼出土數層文化遺物。

大型銅瓿

出土遺物最多的一層，距墓口深5.6米，在墓室中部有疊壓在一起的三件象牙杯和大量骨笄，大概原是放在木匣中的。在其南面布滿不同質料的隨葬品，有石豆、成對的石鳥，精美的骨刻刀和一面銅鏡，另有散放的骨笄多件。取出上層遺物之後，露出壓在下面的遺物，有兩面銅鏡，一件大石蟬，另有小石壺、石壘、石罐等供玩賞的「弄器」，還有玉管、瑪瑙珠

司母辛銅四足觥

婦好墓銅偶鄉彝

等，出土時色澤鮮豔。清理完第六層已接近水面，但仍不斷發現遺物，其中最重要的是刻有「司辛」二字的石牛、靠墓壁發現殉人骨架和狗骨架。由於不斷有新的發現，工地氣氛十分活躍，尤其是小青年問這問那，有的問會不會出個「虎頭彝」（指觥）。老師傅說，說不定會出個虎頭彝讓你們開開眼，旁邊的人笑起來。清理完這層遺物已臨近水面，不再向下挖，水面以上的發掘告一段落。

婦好墓銅方尊

六月四日和五日兩天，進行水下發掘的準備工作，原定六日開始發掘，但供電局未送電，工人們很心急，有位老師傅建議，用轆轤絞水可以下挖，對下邊的情況多了解一些，已安排好下水的工人很贊成。於是考古隊商定只挖北端和墓室中間一小部分，向下挖了不久，中部出了兩件玉簋和一件石人。北邊大型銅器逐漸顯露，最先露出水面的是大方鼎。鼎耳出來了，長方形口也很明顯，圍觀的人喊，「銅爐」！大甗也露出水面。大型銅器的出現令人驚喜，但考慮到安全，停止下挖，並找供電局聯繫，要求解決供電問題，以便抽水，供電局派人看了現場，答應第二天全天供電。

七日早上先抽去坑內積水，九點以後氣溫上升，工人分組輪流下水操作。先從槨室中部向下發掘，很快進入棺室，棺內布滿玉器，開始取出一件向上傳遞一件，玉戈、玉人等不斷送上來，但墓內遺物太多，傳遞太慢，於是將玉器放入水桶內，殘缺銅器裝入筐內，送上地面，一筐筐銅器取上來之後，用平車送到工作站，桶內的玉器由兩人抬回去。陳志達與工作站的人員將玉器一件件用紙包好，放入紙盒內。墓坑上下的人員都在緊張操作。大約午後一點多鐘，棺內的玉器，以及槨內的小型銅器已基本取出。恰在這時出水量少了。於是抓住這一有利時機，清理墓室周圍陳放的大型銅器，大型銅器不能裝筐，只能用繩索捆緊，再由強壯的工人順著坑壁慢慢拉上來，隨即記錄下器物的出土位置排列順序。參加發掘的人處於緊張的勞動中，圍觀的人熙熙攘攘，其中也有懂得古物的，每取上一件，就有人喊，又是一件，三聯甗架被拖上來了。有人說，六條腿，這是啥？旁邊的人說，沒見過。偶方彝的器體取上來了，有個孩子喊，長方的像豬槽。負責安全的人在極力維護秩序，讓大家不要擠，以後讓大家看，但圍觀的人興趣不減，議論紛紛。下午三點

玉人

石人

玉人

多，遺物取淨了，最後將被朱砂和漆皮染紅的水抽去，露出腰坑和生土底。在水下操作的人非常自豪，有的說，這個墓挖得乾淨俐落，侯德隆師傅說，亮底了，放心吧，不會丟下東西。

鄭振香：發掘結束了，戴忠賢、屈如忠兩人將發掘過程中未喝完的酒拿出來說，大家喝酒吧。工人們邊喝邊議論，有的說，出了這麼多小人，好幾個虎頭彝，眞想不到。也有的說，從來沒見過這麼個坑。不久我們就在安陽工作站辦了小型展覽，各村的群衆和安陽市的有關單位看了展覽後表示滿意，也爲他們的家鄉感到自豪。

<2> 婦好青銅器和玉器

婦好墓墓室雖然不大，但保存完好，隨葬品極為豐富，共出土不同質料的隨葬品一千九百二十八件，有青銅器、玉器、寶石器、象牙器、骨器、蚌器等，最能表現殷墟文化發展水準的是青銅器和玉器。青銅器共四百六十八件，以禮器和武器為主，禮器類別較全，有炊器、食器、酒器、水器等。多成對或成組，婦好銘文的鴞、尊、盉、小方鼎各一對，成組的如圓鼎十二件，每組六件，銅斗八件，每組四件。司母辛銘文的有大方鼎、四足觥各一對。其他銘文的，有成對的方壺、方尊、圓斝等，且多配有十觚、十爵。

有銘文的銅禮器一百九十件，其中鑄「婦好」銘文的共一百零九件，佔有銘文銅器的半數以上，且多大型重器和造型新穎別致的器物。如鴞尊、圈足觥造型美觀，花紋繁縟。三聯甗、偶方彝，可說是首次問世。三聯甗是灶形器與甑配套使用，它可以同時蒸出三大甑相同或不同的食品，又可移動位置，使用方便，是炊具的創新。汽柱甑形器實為汽鍋，現在的昆明人用汽鍋蒸雞，叫做「汽鍋雞」，是一道美食，同樣的炊器在三千多年前已出現，足以說明殷人對食品也是刻意求精的。

墓內的銅器群不僅是精美的藝術品，而且是商王朝禮制的表現。「婦好」銘文的銅器是一個比較完整的禮器群。「司母辛」銘文的銅禮器當是子輩為婦好所作的祭器，其他不同銘文的銅禮器大多是酒器，大型酒器配十觚、十爵。大概是貴族或方國奉獻給這位赫赫有名的王后的祭器，這些也是研究殷代禮制的重要資料。

武器有戈、鉞、鏃等，兩件鑄有「婦好」銘文的大銅鉞最令人矚目，一件紋飾作兩虎捕捉人頭，虎似小虎，形象生動。相似的圖案曾見於「司母戊」大鼎的兩耳上。似有震懾作用。

婦好墓銅三聯

墓內出土玉器多件，絕大部分完整或稍殘缺。以深淺不同的綠色爲主，也有棕色的，白玉很少。

當安陽市玉雕廠的工作人員看了玉器之後，就有人提出墓內所出以新疆青玉爲多，對這一見解我們很關注，後經多位有經驗的人士驗證，確定婦好墓內所出以新疆玉爲主。後經科學鑒定，多爲透閃石，也有陽起石。透閃石與新疆玉相合，所鑒定標本硬度爲摩氏六度。新疆玉在殷墟的發現具有重要意義。

玉器類別比較多，有琮、璧、瑣等禮器，作儀仗的戈、鉞、矛等，另有工具和裝飾品。玉禮器對研究禮制極爲重要，禮玉以琮、璧爲主。《周禮．大宗伯》：「蒼璧禮天，黃琮禮地。」這雖是反映周朝的觀念，但用玉石器進行祭禮在新石器時代即已出現，而以良渚文化資料最爲系統。儘管時代不同，考古文化不同，但用琮、壁進行祭祀當是一脈相承的。

裝飾品為數最多，有四百二十多件，大部分為佩帶玉飾，少部分為鑲嵌玉飾，另有少數為觀賞品。玉石人是研究當時人的髮式、頭飾、著裝等的實物資料。各種動物形玉飾有神話傳說的龍、鳳，有獸頭鳥身的怪鳥獸，而大量是仿生的各種動物形象，以野獸、家畜和禽鳥類為多，如虎、熊、象、猴、鹿、馬、牛、羊、兔、鵝、鸚鵡等，也有魚、蛙和昆蟲類。玉雕藝人善於抓住不同動物的生態特點和習性，雕琢的動物形象富有生活氣息，如一件回首狀的小鹿，表現出警覺的神情，而頭部歪向一側的螳螂則顯得悠閒自在，生動傳神。玉器之外還有綠松石、孔雀石、綠晶雕琢的藝術品和瑪瑙珠等。三件象牙杯，有兩件成對，造型美觀，雕琢精致，

婦好墓汽柱銅甑形器

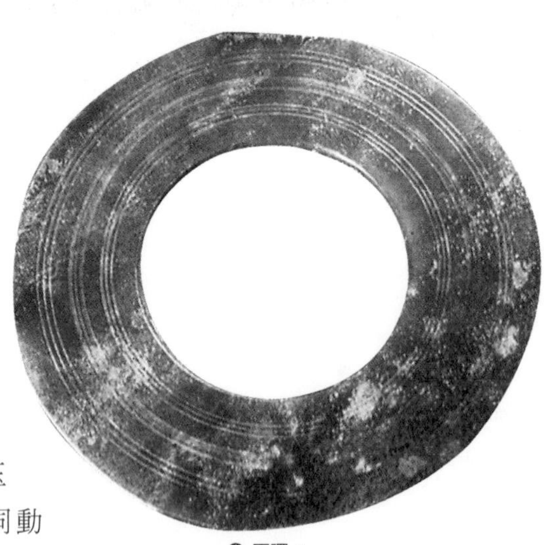

玉環 1

玉簋

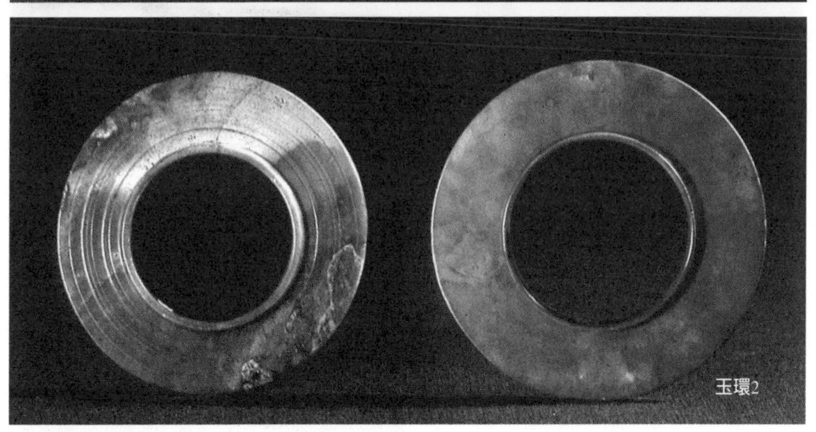
玉環2

堪稱國之瑰寶。在此還應說一說墓內所出的六千八百多枚海貝，經鑒定為貨貝，一件阿拉伯綬貝（也稱阿文綬貝）、二件脈紅螺。海貝出產於臺灣、南海（廣東沿海、海南島、福建廈門東山以南），反映商王朝與中國東海、南海海域有直接、間接的聯繫。

玉玦 1

就以上婦好墓的隨葬品而言，尤其值得重視的是玉器，因爲它見證了一個時代的風格，從中我們可以看出，商代玉器發展到這個時候，已經出現明顯的貴族化傾向。

西元前十九、二十世紀，青銅器的發明帶來了生產力的發展，社會階層的分化進一步加劇。這時，石器也完全從實用領域退出來，早先爲紀念曾爲人類造福的石器而製作的玉器中，又有一些品種，如圭、璋、戈等，演變爲儀仗用器、禮器。儀仗器主要是氏族社會中運行的概念，禮器則伴隨國家的產生而形成。

玉玦 2

中國最初的酋邦國家（chiefdom），歷經夏、商、周三個時代，史學家稱此爲「三代」，在「三代」玉器中，供政府使用的玉器，都稱爲禮器，其中包括祭祀器具。其實，從現在發現的玉器來看，屬於夏朝的極少，而且難以斷定。所以，學術界向有「三代不斷夏」的說法，直到大型學術工程「夏商周斷代工程」在一九九六至二〇〇〇年結束之

玉琮

玉矛

後，我們對三代的時代才有一個比較明確的了解。當然，即便年代問題已經部分解決，但是夏代的遺物，依然保存不多。而到了商朝，由於青銅器工藝的興旺，帶動了一系列文化製作工藝的發展，玉雕工藝也成爲一個專業，並且展現出早、中、晚三個時期的不同內容與風格。早期以河南省偃師二里頭出土的琮、璜、圭、玉刀、玉柄形器、玉龜爲代表，距今約三千五百至四千年；中期以鄭州二里崗出土的玉戈、佩飾玉爲代表；晚期則以河南安陽殷墟出土的一千二百多件玉器爲代表。

大玉刀

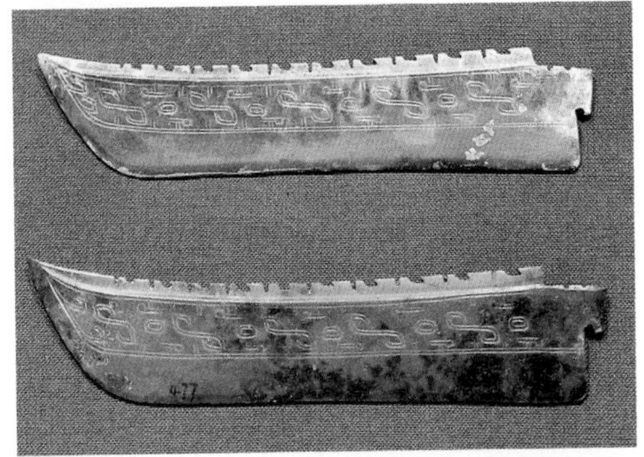

小玉刀

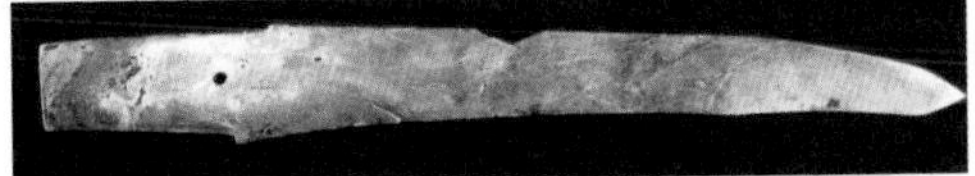

玉戈 1

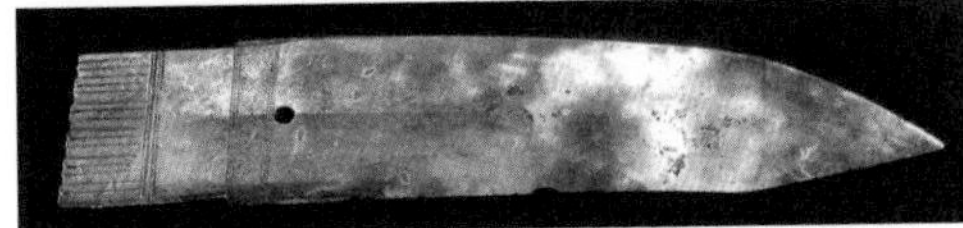

玉戈 2

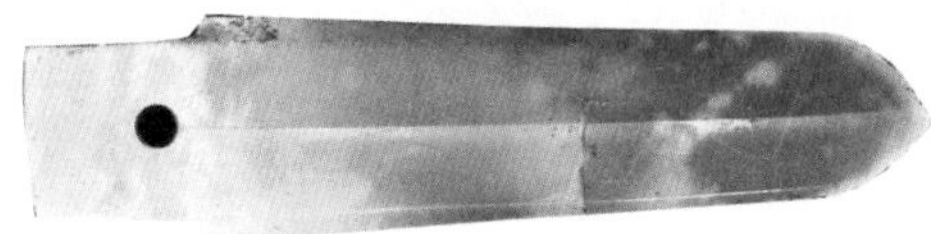

玉戈 3

殷墟，尤其是殷墟婦好墓出土的衆多玉器爲我們進一步認識商代玉雕藝術提供了豐富寶藏。三千多年前，商王朝第二十代商王盤庚遷都殷，到商滅亡，這二百多年時間裏，殷一直是最繁華的都市。

一九七六年在殷墟遺址群中發掘的「婦好墓」出土玉器數量多

玉援銅內戈

達七百五十五件。其數目之大，品種之精都令人驚歎。這七百多件玉器中，玉龍、玉鳳、玉跪坐人、玉圭等佩飾件，紋飾華美；禮器璧、琮、圭、瑗、璜、盤等受青銅器藝術風格影響，形制獨特，不僅有很高的審美價値，而且玉材高貴，都用岫岩玉、南陽玉或和闐玉琢製而成。商代時，由於文化藝術的發展，人們的選玉標準發生了很大變化，「石之美者」並非玉，這從婦好墓出土的玉器中可以看出。

而且，據史料記載，當時商王室還向千里之外的新疆和闐地區徵玉，說明商代玉雕已打破就地取材的界限，玉器也一變而成爲貴重的器物。這時，玉稀少而美好，帝王在分封諸侯時，就以此賜作享有權力的標記。玉器很貴重，王公貴族也往往以此來炫耀自己財富豐足。婦好墓中那麼多玉器，就是「生者之心爲死者慮」，是武丁企望婦好雖死，財勢猶存。這充分反映出，玉器從商代開始，就出現了貴族化傾向。

玉虎 1

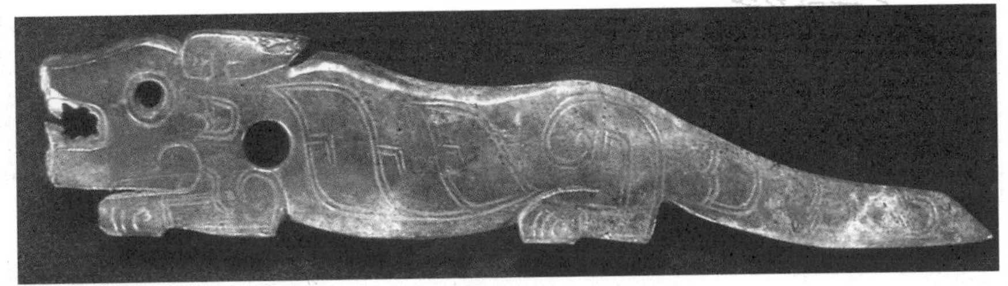

玉虎 2

在商代玉器中，玉「跪坐人」和「鷹攫人首」玉佩很值得引起重視，玉「跪坐人」反映當時社會殘酷的人祭制度。我們知道，商代到了後期，祭祖先時不僅用犧牲，而且用活人進行祭祀。被用的活人就是戰俘、外族人構成的奴隸。「鷹攫人首」反映禿鷹的利爪攫取被懲處的奴隸的頭部，也非常殘酷。這兩種玉器都是當時奴隸主階層用以炫耀權勢的，在今天則成了非常珍貴的歷史見證。

婦好墓玉人也很有特色。其中有一件「圓雕玉人」，高七釐米，黃褐色，玉質。人物作長臉尖頜，大鼻小口，雙目炯炯，呈撫膝跪坐姿態。頭梳髮辮，戴額前有筒形飾的圓箍帽，頭頂髮絲紋中有一貫穿左右之小孔，似供插笄之用。身穿雲紋交領窄袖衫，腰束寬帶，腹前佩黻。

腰後左側插一寬柄器（用途待考）。造型嚴謹，色澤晶瑩，是貴族或弄臣形象。另一件「雙面玉人」，淡灰色，高12.5釐米，裸體，站立狀，一面爲男性，一面爲女性，雙手彎至腹間，頭梳兩個角狀髮髻。正面形式的裸體人像是商周小雕刻品常見的形式，極富裝飾性。

玉怪鳥

玉人

西周早期器物，總高28.7釐米，腹深12.5釐米，口寬11.8釐米，口橫七釐米，重九千一百克，通體呈長方形、分為蓋與器身兩部分

玉龍

除此之外，婦好墓出土的玉雕動物多達一百五十五件，也非常具有時代特色。比如有一件圓雕玉虎，深綠色，長十四釐米，作俯身行走狀，虎身龍角，長尾下垂，尾尖上捲，身飾雲紋，形體方整，神態警覺。玉象一對，深褐色圓雕，長六釐米，頭耳很大，長鼻上伸，鼻尖捲成圓孔，大眼細眉，體肥腿短，形象十分可愛。還有象牙杯三件，以象牙段挖空製成，因料造型，巧具匠心，杯身通體雕刻繁縟精細的花紋，上下分段刻饕餮和夔紋，並在眼、眉、鼻上鑲以綠松石，製作極華麗， 在商代器物中第一次見到。

商代的玉器除了用以祭祀和象徵權力、財富之外，還有佩掛、避邪作用。然而，這些玉器中的絕大多數也爲王公貴族所擁有，平民階層也有一些，但奴隸們卻無人敢問津。

透過婦好墓的玉器，我們可以看到中國的玉雕藝術發展到商代，已經有了跟以往不同的特點：一是它開創了淺線陰刻與剪影式裁割相結合的玉雕藝術領域，湧現出一大批表現動物形象的垂飾玉

🅐 玉虎 3

片。這些飾片中，凡與當時人類生活比較接近的飛禽走獸、魚鳥昆蟲，如牛、羊、馬、猴、雞、鴨、鷹、雁，乃至熊、象、虎、鹿、蠶等等，幾乎都有反映。玉匠們用正面或側面剪影的方法，按照表現對象的外輪廓線，先在玉片上裁出外形，然後用陰刻簡要地勾勒出身體各個部位的線條，動物形象就栩栩如生地表現出來。這批飾片之所以難能可貴，首先就在於它無論正面、側面、坐姿、臥姿，造型都非常準確，表現生動優美，說明商代藝匠對動物形狀的外部輪廓掌握得非常熟練，同時也反映商代人的生活起居與大自然非常貼近。現在我們看到的這些垂飾玉片，它的工藝似乎很簡單，但是，玉的硬度很高，用鋼鑿都琢不動，及至二十世紀的今天，我們的玉雕藝匠們仍用一種特殊的砂輪進行琢刻，又何況那是三千多年前生產力很落後的殷商時代呢？

二是玉器的部分紋飾仿青銅器的幾何形紋，它以點、線、圓形、方形、三角形爲基本要素，構成弦紋、雲雷紋、渦紋等，一般都琢刻在玉質禮器上。

三是色澤瑰麗。這是因爲商代玉器用料品種比較多，衆色彩上看就有青玉、碧玉、白玉和黃玉，而且不少爲新疆所出產，還有相當一部分屬於南陽玉、岫岩玉、大理石、紅瑪瑙和綠松石。

總之，殷墟婦好墓發現的玉器，表現了時代特徵，也爲我們展示了中華文明發展早期的高度成就。

歷·史·大·事·年·表

約170萬年前	元謀人已開始使用石器捕獵野獸。
約75萬年—80萬年前	藍田人已經是完全的直立人。
約20萬年—70萬年前	北京人不僅使用石製品，還使用骨角器，並有了用火的能力。
約10萬年前	馬壩人和丁村人打製石器的技術提高。
約1萬年—2萬年前	山頂洞人的腦量及人體體質特徵，已和現代人接近。
約4900年—5500年前	裴李崗文化是目前已知的華北地區最早的新石器文化。
約4300年—5000年前	仰韶文化發源於黃河中游，今陝西西安附近的半坡村。
約3300年—5000年前	河姆渡文化主要分布在杭州灣南岸的寧紹平原及舟山島。
約2500年—4300年前	大汶口文化以農業經濟為主。大汶口文化晚期出現貧富分化，原始氏族社會已走向解體。
約3500年前	紅山文化是中國北方新石器文化的重要代表。
約2000年—3300年前	馬家窯文化以飼養業為主。
約2000年前	齊家文化出現了階級分化，並產生了原始軍事民主制。
約西元前2070年	啓改變禪讓制度，奪取政權，建立夏朝，開創了世襲制度。

歷・史・大・事・年・表

西元前1600年	成湯滅夏，建立商朝，都城為亳。
西元前1300年	商都城自奄遷殷。
西元前1250年	武丁即位，傳說為相，商朝大治。
西元前1147年	武乙在位期間，周興起。
西元前1113年	武乙無道，遭雷而死，文丁即位。
西元前1075年	子辛即位，即商紂王。
西元前1046年	牧野之戰，周滅商。
西元前1045年	周武王安置殷民，分封諸侯。
西元前1043年	周武王去世，太子誦即位，即周成王。
西元前1042年	周公輔政，「三叔」叛亂。
西元前1038年	周成王与周公旦平叛成功，二次分封。
西元前1021年	周成王去世。太子釗即位，即為周康王。
西元前1002年	周康王討伐鬼方。
西元前976年	周昭王之子滿即位，即周穆王。
西元前878年	周厲王時代開始。
西元前841年	國人暴動，周厲王逃。「共和統治」開始。中國歷史從此有了準確紀年。
西元前827年	周宣王時代開始。
西元前776年	九月六日，發生日蝕。
西元前771年	申侯聯合西戎攻破鎬京，周幽王死，西周滅亡。

大地　中國史話系列叢書介紹

中國史話(2)
脣槍舌戰的春秋時代

《東周、春秋戰國》

(西元770～西元222)

編著：中國史話編輯委員

定價：250元

中國史話(3)
氣吞山河的雄奇帝國

《秦、兩漢三國、魏晉南北朝》

(西元359～西元573)

編著：中國史話編輯委員

定價：250元

中國史話(4)
塵封不住的絢麗王朝

《隋唐、兩宋、五代十國(遼、西夏、金)》

(西元581～西元1206)

編著：中國史話編輯委員

定價：250元

大地　中國史話系列叢書介紹

中國史話(5)
三朝上演的皇權沉浮
《元、明、清》(西元1206～西元1842)
編著：中國史話編輯委員
定價：250元

中國史話(6)
吶喊聲中的圖強變革
《清末、民初》
(西元1900～西元1919)
編著：中國史話編輯委員
定價：250元

國家圖書館出版品預行編目資料

尋找失落的歷史年表／中國史話編輯委員會編著
—一版—台北市 ： 大地出版社　2006〔民95〕
面 ； 公分. --（中國史話：1）
ISBN 978-986-7480-60-6（平裝）
ISBN 986-7480-60-0（平裝）
1.中國-歷史-上古（公元前2697年以前）
-通俗作品 2.中國-歷史-先秦（公元前2696-221）-
通俗作品
621　　95018486

中國史話(1)尋找失落的歷史年表

編著	中國史話編輯委員會
發行人	吳錫清
主編	陳玟玟
出版者	大地出版社
社址	114台北市內湖區內湖路2段103巷104號
劃撥帳號	0019252-9（戶名：大地出版社）
電話	02-26277749
傳真	02-26270895
E-mail	vastplai@ms45.hinet.net
美術設計	洸譜創意設計股份有限公司
封面設計	洸譜創意設計股份有限公司
印刷者	卡樂彩色製版印刷有限公司
一版一刷	2006年10月

定　價：250元

中文繁體字版由上海科學技術文獻出版社授權出版發行

Printed in Taiwan